일본의 풍습

"NEMURENAKUNARUHODO OMOSHIROI ZUKAI NIHON NO SHIKITARI"
supervised by Koji Chiba
Copyright © NIHONBUNGEISHA 2020

All rights reserved.
First published in Japan by NIHONBUNGEISHA Co., Ltd., Tokyo
This Korean edition is published by arrangement with NIHONBUNGEISHA Co., Ltd.,
Tokyo in care of Tuttle-Mori Agency, Inc., Tokyo, through, ERIC YANG AGENCY, Seoul.

이 책의 한국어판 저작권은 Eric Yang Agency를 통해
저작권자와 독점 계약한 ㈜알에이치코리아가 소유합니다.
저작권법에 의하여 한국 내에서 보호를 받는 저작물이므로 무단 전재 및 복제를 금합니다.

한 권으로 끝내는 인문 교양 시리즈

치바 코지 감수 | 양지영 옮김

왜 마네키네코는
오른손을 들고 있을까?

밤낮의 길이가 같아지는
춘분은 왜 국가 공휴일일까?

제대로 알고 싶은
일본의 풍습

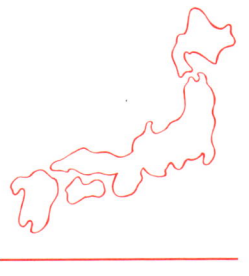

왜 일본에는 800만 명이
넘는 신이 존재할까?

일본 사람들은
왜 중요한 일을 앞두고
돈가스를 먹을까?

RHK
알에이치코리아

시작하며

풍속은 일상을 다채롭게 하는
기분 좋은 향신료입니다

　아주 오랜 옛날부터 일본인의 생활 속에는 다양한 풍속이 살아 있습니다. 그 풍속 하나하나에는 유래와 전해오는 이야기가 있고 사람들의 인생에 복과 운, 무병장수를 가져다주는 기원과 바람이 담겨 있습니다.

　설 장식을 준비해서 새해를 주관하는 신을 맞이하고, 오세치 요리를 먹고, 새해맞이 참배를 하는 새해의 풍속을 다들 잘 알고 계시지요. 세쓰분節分에는 귀신을 쫓아내어 복을 부르고, 히나마쓰리ひな祭り에 히나 인형을 장식합니다. 단오의 셋쿠에는 창포탕에 몸을 담급니다. 오히간お彼岸에는 성묘를 하고, 계절이 바뀌면 옷을 갈아입고, 오본お盆에는 조상의 영혼을 극진하게 대접하고, 섣달 그

일본의 풍습

믐날인 오미소카에는 집을 깨끗이 청소한 후에 도시코시소바를 먹습니다.

봄에는 봄의 풍속, 여름에는 여름의 풍속, 가을에는 가을의 풍속, 겨울에는 겨울의 풍속이 있습니다. 계절과 함께 찾아오는 연중행사는 우리의 일상에 변화를 주고 생활에 활력을 줍니다.

인생의 중요한 시기를 축하하는 통과 의례나 관혼상제와 같은 풍속도 있지요. 새롭게 잉태한 생명이 무사하기를 바라고, 탄생한 아이가 건강하게 자라기를 기원하고, 아이의 성장에 감사하고, 성인이 된 것을 축하하고, 결혼 의식을 거행하기도 합니다.

그중에서도 이 책에는 '운기 상승'을 키워드로 한 여러 가지 풍속을 모았습니다. 이 책에서 소개한 풍속들이 여러분의 생활을 풍성하게 해줄 매콤하고 짜릿한 향신료가 되기를 바랍니다.

시작하며

목차

시작하며
풍속은 일상을 다채롭게 하는 기분 좋은 향신료입니다   4

서장
풍속에 대해 알자

하나   인생은 풍속으로 가득하다!   13
둘   신·부처와 풍속의 관계   26
셋   하레와 케의 풍속   32
넷   미신일까? 운수의 풍속   39
Column 01   신이 많은 야오요로즈, 신의 나라 일본   42

1장
운기가 상승하는 봄의 풍속

봄의 풍속 달력	46
히나마쓰리 3월 3일 여자아이 행사	50
봄의 오히간 춘분 전후 7일	54
오하나미 꽃놀이	58
간부쓰에 관불회	62
주산마이리 13살 참배	66
팔십팔야 입춘 후 88일째 되는 날	70
단오의 셋쿠 5월 5일 남자아이 행사	74
Column 02 육요六曜	78

2장
운기가 상승하는 여름의 풍속

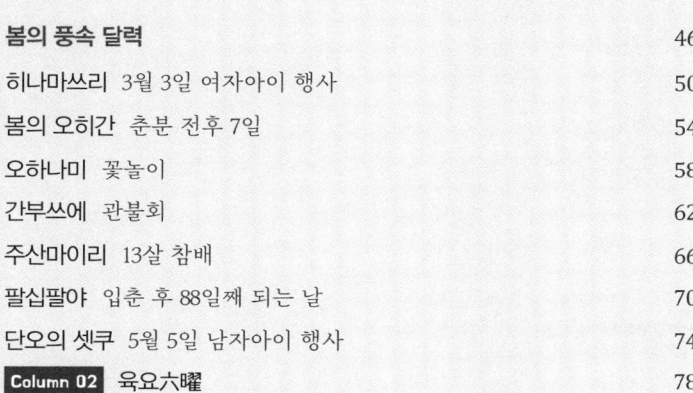

여름의 풍속 달력	82
고로모가에 계절마다 옷 갈아입기	86
나쓰고시노하라에 여름을 넘기는 액막이 행사	90
야마비라키 산 개방	94
다나바타 칠석	98
오주겐 중원 때 주는 선물	102
도요노우시노히 여름 보양식 장어 먹는 날	106
오본 조상을 맞이하는 불교 행사	110
Column 03 어머니의 날·아버지의 날·경로의 날	118

3장
운기가 상승하는 가을의 풍속

가을의 풍속 달력	122
중양의 셋쿠 중양절	126
오쓰키미 십오야	130
가을의 오히간 추분 전후 7일	134
에비스코우 장사의 신 에비스에게 공양	138
도리노이치 유일 행사	142
시치고산 3세, 5세, 7세 성장 축하 행사	146
Column 04 지신제와 상량식	150

4장
운기가 상승하는 겨울의 풍속

겨울의 풍속 달력	154
스스하라이 연말 대청소	158
동지 밤이 가장 긴 날	162
설 장식 신년의 복을 기원하는 준비	166
오미소카 섣달 그믐날	170
오쇼가쓰 설날	174
오세치 요리 설 요리	178
하츠모데 새해 첫 참배	182
나나쿠사가유 일곱 가지 나물죽	186
성인식 어른으로 인정받는 의례	190
세쓰분 잡귀 쫓는 행사	194
Column 05 금기의 풍속	198

5장
운기가 상승하는 인생의 풍속

인생은 풍속으로 시작해서 풍속으로 끝난다	202
성장	205
결혼	216
장수	221
장례	224

부록
알아두어야 할 예절

선물 예절	234
편지 예절	238
식사 예절	242

서장

풍속에 대해 알자

아주 오랜 옛날부터 계승되어온
수많은 풍속. 평소 의식하지 않아도
연중행사나 관혼상제 등 매일 생활 속에서
풍속과 더불어 살아가고 있다.

인생은 풍속으로 가득하다!

계절마다 연중행사나 인생의 중요한 시기마다 있는 통과 의례도 전부 풍속이다.

풍속이란 무엇일까?

풍속이라는 단어를 찾아보면 '옛날부터 그 사회에 전해 내려오는 생활 전반에 걸친 습관과 관습'이라고 한다. 예를 들어, 오쇼가쓰라고 하는 일본의 설날에는 오세치 요리 또는 오조니를 먹거나 새해맞이 참배 하츠모데를 가고, 세쓰분에 콩을 뿌리는 연중행사는 오래전부터 전해져온 전통이자 관례다. 또한 아이의 성장을 축하하는 셋쿠節句˙나 시치고산七五三, 인생의 중요한 대목을 축하하는 성인식이나 결혼식, 장수를 축하하거나 죽음을 애도하는 장례

- 셋쿠節句(절구)는 한자 '마디 절節'이 의미하듯이 계절의 마디를 말한다. 일본에는 고셋쿠五節句(오절구)라고 해서 계절이 변하는 시기마다 축하 행사를 하는 5개의 명절이 있다.

서장 | 풍속에 대해 알자

식 등의 통과 의례, 돌아가신 분을 공양하는 오히간과 오본도 옛날부터 전해온 풍속이다.

이러한 풍속은 원래 신과 부처를 공경하고 감사하며 가내의 평안과 무병장수, 입신출세나 행운을 비는 행사에서 유래한다. 그리고 사람들은 풍속으로 소통하면서 깊은 유대 관계를 맺어왔다. 농경 민족이던 일본인은 계절의 변화에 맞춰 농사를 지었다. 일본인의 계절감과 밀접하게 관련 있는 계절을 나타내는 달력도 풍속의 중요한 키워드가 되었다.

달과 태양의 움직임에서 태어난 달력

현재 일본을 포함한 세계에서 사용하는 달력은 태양을 기준으로 만든 태양력(그레고리력)인데, 1년 365일을 원칙으로 한다. 태양력을 사용하기 전 일본에서는 아스카 시대(593~622년, 불교를 육성하여 고대 국가 형식의 기틀 마련)에 중국에서 전해진 달력을 참고해 일본의 계절 변화에 맞게 개량하면서 거의 1,500년이나 되는 긴 시간 동안 사용했다. 이 달력은 사람들의 생활 속에 자리잡힌 연중행사 등 지금도 이어지는 풍속의 배경이 되었다. 이 옛날 달력을 음력이라 하고, 현재 사용하는 달력을 양력이라 한다. 음력은 달(태음)과 태양의 움직임을 모두 고려해서 만든 태음태양력이라고 불린 역법이다. 또한 먼 과거에는 달이 차고 기우는 모습을 기준으로 만든 **태음력**이라는 역법도 있었다.

태음력	달의 차고 기욺이 기준이다. 신월에서 시작하여 신월로 끝나는 삭망월을 기준으로 만든 역법으로, 1삭망월은 태양력으로 약 29일 반 정도에 해당한다. 12삭망월을 1년으로 계산하기 때문에 태양력의 1년과 비교하면 11일 또는 12일이 짧아진다. 즉, 십오야+五夜×2가 한 달이 된다. 그래서 조금씩 한 해의 시작이 빨라진다는 단점이 있다.
태음 태양력	태음태양력은 태음력을 기초로 단점을 개선한 역법이다. 일본에서도 태양력으로 바꾸기 전까지 사용된 달력으로 이것을 음력이라고 부른다. 태음력에서 생기는 계절의 차이를 2~3년마다 1년을 13개월로 만들어서 해소했다. 그중에서도 19년에 7회 윤달을 두는 멘토주기Metonic cycle가 정밀도가 높았다.
태양력	태양의 운행을 기준으로 한 현재 세계 대부분의 나라에서 사용되는 표준력으로 '그레고리력'이라고도 한다. 약 300년에 하루 정도의 오차만 발생할 정도로 정확하다.

일본에서는 1873년에 그레고리력을 도입했다.

• 한국에서는 1896년에 그레고리력을 도입했다.

사계절과 차이가 나는 '음력의 계절'

농경 민족이던 일본인은 사계절의 변화를 민감하게 느끼면서 계절을 농업의 기준으로 삼았다. 계절을 정확하게 파악하는 일은 예를 들면 '곧 씨 뿌리기에 좋은 시기가 오네' 등 농사에 필요한 정보를 얻는 데 중요했다. 하지만 음력(태음태양력) 달력과 일본의 계절에는 차이가 있었다. 음력의 계절 구분은 다음과 같다.

봄 → 2월 4일경 ~ 5월 5일경
여름 → 5월 6일경 ~ 8월 7일경
가을 → 8월 8일경 ~ 11월 7일경
겨울 → 11월 8일경 ~ 2월 3일경

이 달력을 기준으로 벼농사는 할 수 없다. 그래서 달력과는 별개로 만든 것이 24절기다.

농작업에 맞춘 계절의 기준, 24절기

일본의 사계절과 생활에 다소 차이가 있던 음력 때문에 계절의 변화를 파악하기 위한 기준으로 24절기가 만들어졌다.

지구에서 본 태양의 이동 경로를 황도라고 하는데, 태양이 24개로 등분된 지점을 통과하는 날짜를 계절에 맞춰 만든 이름이 24절기다. 밤낮의 길이가 같아지는 추분과 추분, 낮이 가장 길어지는 하지와 짧아지는 동지 등도 24절기에 속한다.

그러나 24절기도 본래 중국의 황하 유역을 기준으로 만들어진 것이기 때문에, 일본의 계절과 다소 차이가 있는 것은 어쩔 수 없었다. 그렇더라도 계절을 파악하는 기준이 되었기 때문에 일본에서도 정착했다. 24절기를 다시 3등분하고, 1년을 72등분하여 이름을 붙인 칠십이후七十二候라는 구분도 있는데, 이것도 중국에서 전래했다.

24절기

※ 양력 날짜는 어림 기준.
※ 24절기節気의 절節은 계절을 결정하는 지표, 중中은 그달이 어떤 달인지 결정하는 지표다.

계절	24절기	양력 날짜	음력 달
초춘	입춘立春	2월 4일경	1월 절
	우수雨水	2월 19일경	1월 중
중춘	계칩啓蟄*	3월 6일경	2월 절
	춘분春分	3월 21일경	2월 중
만춘	청명清明	4월 5일경	3월 절
	곡우穀雨	4월 20일경	3월 중

초하	입하立夏	5월 6일경	4월 절
	소만小滿	5월 21일경	4월 중
중하	망종芒種	6월 6일경	5월 절
	하지夏至	6월 21일경	5월 중
만하	소서小暑	7월 7일경	6월 절
	대서大暑	7월 23일경	6월 중
초추	입추立秋	8월 8일경	7월 절
	처서處暑	8월 23일경	7월 중
중추	백로白露	9월 8일경	8월 절
	추분秋分	9월 23일경	8월 중
만추	한로寒露	10월 8일경	9월 절
	상강霜降	10월 23일경	9월 중
초동	입동立冬	11월 8일경	10월 절
	소설小雪	11월 23일경	10월 중
중동	대설大雪	12월 7일경	11월 절
	동지冬至	12월 22일경	11월 중
만동	소한小寒	1월 6일경	12월 절
	대한大寒	1월 20일경	12월 중

- 계칩啓蟄은 경칩驚蟄과 유사한 말로 일본에서는 계칩이라는 말을 사용한다.

> **일본 독자적인 역일 잡절(p.136 참조)**
>
> 계절을 파악하는 기준으로 만들었고 일본에서도 도입한 24절기. 하지만 중국을 기준으로 한 것이라 딱 맞지는 않았다. 그래서 일본이 독자적으로 만든 것이 잡절雜節이다. 일본의 계절과 기후에 섬세하게 맞춰서 생활과 농사의 기준으로 삼았다.

달력과 운수의 기원 음양오행설

중국 고대 철학의 하나고, 십이지와 결합해서 달력이나 운세를 볼 때도 영향을 미친 음양설과 오행설을 합친 음양오행설.

음양설은 이 세상의 모든 것은 상반되는 음과 양 2개의 기운으로 성립한다고 보는 사상이다. 오행설은 만물은 목·화·토·금·수 5원소로 성립된다는 사상으로, 각각의 원소가 소장消長을 반복한다.

봄, 여름, 가을, 겨울 사계절의 변화를 오행이라고 하는데, 지상에 도달하는 태양의 열과 빛이 1년을 단위로 증감하면서 사계절이 생긴다. 음양오행설은 이 변화의 구조를 설명하는 이론이다.

후에 일본에 전해져 음양오행 사상을 실천하는 음양도가 크게 유행했다. 음양도를 관장하는 음양사에 의해 음양도가 조정과 막부의 제사나 행사에 적용되면서 이후 음양도의 기본 원형이 되었다.

○ 음양도

정치나 도덕, 일상생활에 이르기까지 여러 상반되는 현상을 한 쌍으로 인식한다. 계절로 말하면 가을과 겨울이 음, 봄과 여름이 양이다. 하지에 양의 기운이 커진 후 서서히 음의 기운이 강해지면서 양의 기운은 쇠퇴한다. 반대로 음의 기운은 동지에 가장 커진다. 상반은 적대가 아니라 성쇠가 반복하면서 자연계의 질서가 유지된다는 사상이다.

음양의 특징

테마	음	양
천태	달	태양
광음	그늘	빛
주야	밤	낮
성별	여자	남자
형제	동생	형

정동	정	동
숫자	짝수	홀수
숫자	마이너스(-)	플러스(+)
날씨	비	맑음
계절	가을과 겨울	봄과 여름
방위	북과 서	남과 동

○ 오행설

중국의 오래된 세계관으로 오행설에서는 5개의 원소로 사물을 파악한다. 오행설의 행行은 순환한다, 운행한다는 의미다. 여기에서는 목·화·토·금·수의 혹성惑星이 순환하는데, 항성恒星과는 다른 5개 혹성의 복잡한 운행이 신비로워서 고대 중국 사람들은 이 세상의 현상과 관계가 있다고 생각했다.

다양한 사물들이 오행의 성질에 해당한다고 여겨졌고, 아래의 표에서 보는 것과 같은 특성이 있다고 한다. 목木이 토土가 되고, 토에서 수水가 발생한다는 창조 사이클(상생)과 목이 불에 타서 화火가 되고, 결국 토가 된다는 파괴 사이클(상극)로 성립된다. 이것이 음양설과 결합되어 음양오행설이 되었다.

오행의 상생과 상극

목·화·토·금·수의 순서로 오기五氣가 서로 순응하는 것을 상생(그림의 파란색 선), 반대로 목·화·토·금·수의 순서로 서로 공격하는 것을 상극(그림의 회색 선)이라고 한다.

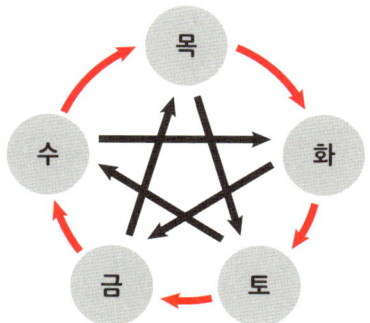

오행의 특성

테마	목	화	토	금	수
색	청	홍	황	백	흑
천체	목성	화성	토성	금성	수성
계절	봄	여름	토용•	가을	겨울
방위	동	남	중앙	서	북
고셋쿠	인일	상사	단오	칠석	중양
손가락	약지	중지	검지	엄지	소지
오감	시각	청각	후각	미각	촉각
감정	기쁨	즐거움	원망	노여움	슬픔
기후	풍	열	습	건	한
미각	신맛	쓴맛	단맛	매운맛	짠맛

• 토용土用은 오행에서 땅의 기운이 왕성한 절기로 입춘, 입하, 입추, 입동을 말한다.

일과 달, 시간, 방위도 나타내는 십간십이지

　연말이 되면 주목받는 간지. 사실 간지라는 표현은 잘못되었다. 정확히 말하면 '주목받는 십이지'라고 해야 한다. 본래 간지는 십간과 십이지를 조합한 것이기 때문이다. 자(쥐), 축(소), 인(호랑이), 묘(토끼), 진(용), 사(뱀), 오(말), 미(양), 신(원숭이), 유(닭), 술(개), 해(돼지)가 십이지다. 십이지는 1년의 운세를 나타낸다. 갑, 을, 병, 정, 무, 기, 경, 신, 임, 계가 십간으로 일을 세는 수사였다. 십간은 10년으로, 십이지는 12년으로 일주한다. 이 두 가지를 조합한 것이 십간십이지로 60개의 조합이 있다.

　일본에서는 아스카 시대에 전해졌다. 역사에 이름을 남긴 진신의 난壬申の乱(672년)이나 보신전쟁戊辰戰爭(1868~1869년)은 그 사건이 일어난 해의 간지로 이름을 붙였다. 또한 방위나 시간에도 십이지를 붙여 사용했다. 오후 11시~오전 1시의 2시간을 자子시라고 하고, 2시간마다 십이지로 시간을 나타낸다. 이것을 전후반으로 구분해서 초각初刻, 정각正刻으로 불렀다. 현재의 오전·오후는 정오 12시를 오午시라고 한 것에서 유래되었다. 옛날 이야기에서 상투적으로 사용되는 표현인 '초목도 잠든 축시'라는 문장은 오전 1~3시경을 말한다.

일시一時는 약 2시간이며, 이것을 4개로 구분했다. 축시는 축丑의 시간을 말한다. 아침과 저녁 6시가 일출과 일몰의 시간대다.

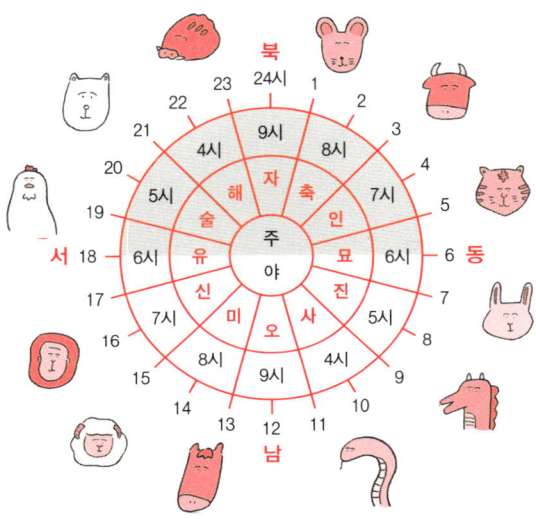

9시부터 숫자가 줄어드는 것이 수수께끼다. 실제로 줄어드는 게 아니고, 정수 9의 배수의 한 자릿수를 나타낸 것이라고도 한다. 즉, 9×1=9시, 9×2=18이라서 8시, 9×3=27이라서 7시, 9×4=36이라서 6시, 9×5=45라서 5시, 9×6=54라서 4시다.

육십갑자

※ 2020년 간지는 경자庚子(십이지는 자子). 다시 같은 간지가 돌아오는 것은 60년 후인 2080년이다.

1	2	3	4	5	6
갑자	을축	병인	정묘	무진	기사
7	8	9	10	11	12
경오	신미	임신	계유	갑술	을해
13	14	15	16	17	18
병자	정축	무인	기묘	경진	신사
19	20	21	22	23	24
임오	계미	갑신	을유	병술	정해
25	26	27	28	29	30
무자	기축	경인	신묘	임진	계사
31	32	33	34	35	36
갑오	을미	병신	정유	무술	기해
37	38	39	40	41	42
경자	신축	임인	계묘	갑진	을사
43	44	45	46	47	48
병오	정미	무신	기유	경술	신해
49	50	51	52	53	54
임자	계축	갑인	을묘	병진	정사
55	56	57	58	59	60
무오	기미	경신	신유	임술	계해

신·부처와 풍속의 관계

모든 풍속에 신과 부처의 존재가 있을 정도로 밀접한 관계다?

농경과 자연이 낳은 자연 신앙과 풍속

태곳적부터 벼농사를 중심으로 한 농경 민족이던 일본 사람들은 자연 속에 사람의 지혜를 뛰어넘는 신이 머물러 있다고 생각했다. 사람의 힘으로는 어쩔 수 없는 자연이 일으키는 은혜와 재해에 대한 대처 방법으로 신을 숭상하고 신에게 기원하여 풍년이 들면 감사의 예를 다하면서 다음에도 풍작을 이룰 것이라고 믿었다. 사람들의 삶이 반복되는 것처럼 이러한 기도나 감사도 생활 속에서 되풀이되면서 지금까지 계승되어왔다.

• 일본에서 신神은 가미, 가미사마라고 하는데 여기서는 신과 가미, 가미사마를 혼용해서 사용한다.

풍속 속에 있는 신과 부처

중국에서 불교가 전해지고 사람들의 생활에도 조금씩 불교가 침투했다. 이론화된 불교가 경전을 통해 설득력을 가지고 사람들을 이해시켰기 때문이다. 하지만 예로부터 내려온 일본 신기神祇 신앙을 부정한 것은 아니다. 둘은 잘 융합했다. 예를 들면 죽음의 흉한 기운穢れ(케가레)을 싫어하는 신사에서는 생生에 관한 것을, 애도하거나 조상에게 공양하는 등 죽음과 관련되는 것은 불교가 맡게 되었다. 출산이나 생후 첫 참배 오미야마이리お宮参り 등의 액막이나 풍작과 같은 기원은 신이 담당神事(신사)하고, 오본이나 오히간의 공양仏事(불사)은 부처가 담당하게 되었다.

일본의 토속 신과 부처

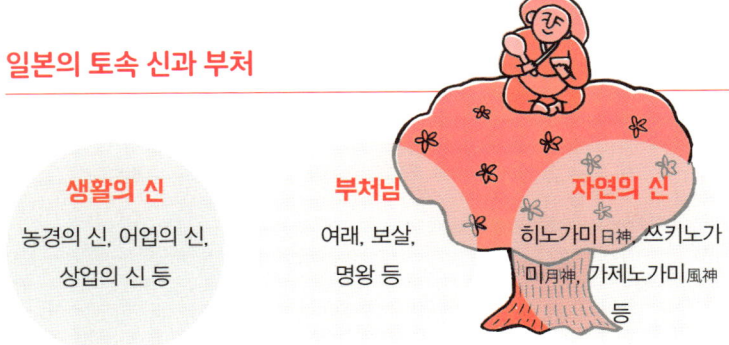

생활의 신
농경의 신, 어업의 신, 상업의 신 등

부처님
여래, 보살, 명왕 등

자연의 신
히노가미日神, 쓰키노가미月神, 가제노가미風神 등

※ 그밖에 진신人神도 신의 종류에 포함하기도 함.

• 신기神祇는 하늘의 신과 땅의 신을 말한다.

신사와 불사가 주로 하는 일

	신사 神事
1월 1일	사이단사이 歳旦祭 (신년 행사)
2월 3일경	세쓰분사이 節分祭 (입춘 전날 행사)
2월 17일경	기넨사이 祈年祭 (풍작을 비는 행사)
6월과 12월 말일	오하라에 おお払え (재앙을 없애는 행사)
10월 17일	간나메사이 神嘗祭 (천황이 햅쌀을 이세신궁에 천신하는 궁중 제사)
11월 23일	니나메사이 新嘗祭 (천황이 햇곡식을 천지의 신에게 바치는 궁중 제사)

	불사 仏事
1월	수쇼에 修正会 (불교 사원의 법회)
2월	수니에 修二会 (불교 사원의 법회)
2월	열반석 涅槃会
3월	히간에 彼岸会 (춘분이나 추분을 전후로 7일간 행하는 불교 행사)
4월	관불회 潅仏会
8월	오본 お盆
9월	히간에 彼岸会
12월	성도회 成道会

일본의 풍습

신기 신앙이 신도神道로 자리 잡은 고대 중기부터 중세 이후 시대의 변화 속에서 불교와 신도가 성쇠를 거듭하면서 밀접한 관계를 맺어왔다. 절에는 신사가, 신사 경내에는 절이 세워지기도 했다.※ 그리고 풍속도 시대에 맞게 변했다. 지금의 형태에 가까워진 것은 에도 시대(1603~1868년) 중기부터 후기라고 한다.

　현재 행해지는 대부분의 풍속이 신과 연관이 있다고 해도 과언이 아니다. 정월에는 토시가미사마歲神様를 맞이하고, 세쓰분에는 복의 신을 부르고, 오히간이나 오본에는 조상을 기리며 감사한다. 이러한 연중행사도, 인생의 중요한 시기를 축하하고 건강과 행운 등을 기원하는 시치고산과 결혼식 등의 통과 의례도 신과 부처의 존재 없이는 행해질 수 없다. 이와 같이 사람들이 옛날부터 지켜 내려온 풍속 속에는 항상 신과 부처가 있었다.

신과 부처의 유닛 칠복신

　에도 시대에 인기 있던 일본 토속신과 부처의 유닛 칠복신. 여전히 우리에게 친숙한 신인데, 나라도 종교도 다른 일본 토속신과 부

※　일본 고유 신앙과 불교가 융합해서 나타난 신앙의 형태를 신불습합神佛習合이라고 한다.

처의 결합이라는 것을 알고 있는가? 그래서 모시는 장소도 신사거나 절이거나 다양하다. 특히 인기가 있는 칠복신은 일본에서 예로부터 전해오는 토속신으로, 도미를 안고 있으며 어업과 장사에 복을 준다는 에비스惠比寿다. 그리고 인도 사라스바티 강의 여신으로 홍일점인 변재천弁財天도 인기가 많다. 학문, 예능, 상업에 은혜를 준다고 한다.

일본에는 자연 곳곳에 신이 존재한다는 일본의 야오요로즈가미八百万神*가 있다. 이 독특한 칠복신은 예로부터 전해지는 일본 토속신에 외국에서 건너온 부처까지 수용하는 일본 특유의 유연함에서 생긴 것이 아닐까? 풍속도 유연하게 변화하면서 계승되고 있다.

• 신의 수가 많다는 의미다.

칠복신

비사문천 毘沙門天 **(비샤몬텐)**
인도의 고대 신화에서 말하는 재복의 신 쿠베라로 불법을 지키는 사천왕 중 하나인 '다문천'이라는 별명도 있다. 승부사의 신으로 여겨지며 무기로 액운을 물리치는 군신이다.

복록수 福禄寿 **(후쿠로쿠주)**
고대 중국 도교의 신으로 행복, 부, 장수를 이뤄주는 신이다.

포대존 布袋尊 **(호테이손)**
당나라 때 유명한 중국 선종의 중으로 작은 체구에 올챙이배, 항상 천으로 만든 큰 주머니를 짊어지고 방랑해서 이름에 '포대'가 붙었다. 가정의 원만과 복덕의 신이다.

수로인 寿老人 **(쥬로진)**
도교의 신으로 남극성의 화신인 남극노인이라고 한다. 행복의 신으로 건강, 자식을 주는 신이다. 곁에 있는 사슴도 장수의 상징이다.

에비스
이자나기노미코토의 세 번째 아들이라고 전해지고, 칠복신 중에서는 유일한 일본 토속신이다. 사업 번창, 풍어·풍작의 신으로 친숙하다.

변재천 (벤자이텐)
힌두교의 여신인 사라스바티로 고대 인도에서는 강의 신, 풍요의 신으로 가장 숭배되었다. 불교에서도 비교적 이른 시기에 등장했다. 음악과 학문, 재복의 신이다.

대흑천 大黒天 **(다이코쿠텐)**
힌두교 시바신의 화신인 마하칼라. 부엌의 신으로 검은콩을 대흑 大黒이라고 부르는 이유는 '검게 되어서 마멸(귀신을 멸한다는 뜻)에 임한다'에서 따온 말이다.

•• 일본에서는 검은콩 黒豆(구로마메)을 대흑 大黒(다이코쿠)이라고도 부른다.

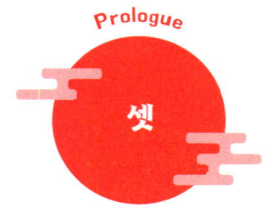

하레와 케의 풍속

생활의 변화! 특별한 날을 나타내는 하레와 보통의 날을 나타내는 케.

일본인의 생활에 뿌리내린 '하레'와 '케'

마쓰리나 연중행사, 관혼상제 등 비일상을 하레晴의 날, 그 밖의 일상을 케褻의 날이라고 부른다. 하레의 날에는 음식이나 옷도 평소와는 다르게 특별한 것을 먹거나 입으면서 생활에 변화를 주었다. 그래서 설이나 성인식에 입는 옷을 하레기晴着라고 한다. 축하 자리에서 빼놓을 수 없는 붉은 팥밥이나 머리와 꼬리를 남긴 한 마리의 생선, 술 등도 하레 요리다. 그리고 하레 장소는 신사나 사원 등 고정된 공간 외의 곳이다. 예를 들어, 하나미와 같은 축제나 행사에서 빨간색과 흰색 줄무늬로 된 홍백막을 치면 그곳이 바로 하레 공간이 된다.

고셋쿠	인일의 셋쿠	인일의 절구는 1월 7일 일곱 가지 나물죽을 먹는 나나쿠사가유의 날. 상사의 명절은 3월 3일 히나마쓰리. 5개의 명절인 고셋쿠는 하레의 날에 해당된다.	p.186
	상사의 셋쿠		p.50
	단오의 셋쿠		p.74
	칠석의 셋쿠		p.98
	중양의 셋쿠		p.126
	오본	조상 공양	p.110
통과 의례	오미야마이리	인생의 중요한 한 단락의 통과 의례는 하레의 날에 해당한다. 애도를 위한 장례식도 본래 하레의 날이었지만 결국 분리되었다.	p.207
	시치고산		p.146 · 212
	입학식 · 졸업식		p.213 · 214
	성인식		p.215
	결혼식		p.218
	장수 축하		p.221
	장례식		p.224

서장 | 풍속에 대해 알자

하레를 사용하는 법

- 결혼식 등에 초대되었을 때 인사 등
  '하레의 자리에 초대해주셔서 감사합니다'

- 성인식 등 인생의 중요한 한 단락
  '하레의 날을 맞이한 여러분 축하드립니다'

그 밖에도…

- 하레기
- 하레 요리
- 인생의 하레 무대
- 하레스가타
  晴れ姿
  (하레기를 입고 사람들 앞에 나갈 때 모습)
- 하레바레
  晴れ晴れ
  (후련함, 시원함)

'케'의 어원

케란 평소 착용하는 속옷을 의미하는 단어로 메이지 시대(1868~1912년)까지는 평상복을 케기褻着라고 불렀다. 그리고 병이나 사고 등으로 케의 생활(일상생활)이 순조롭지 못하게 되는 것을 케의 기운이 시들었다고 하는데, 케에 마르다·시들다의 뜻을 가진 가레루枯れる라는 단어를 붙여 케가레氣枯れ라고 했다.

케가 가레루? '케가레'의 부정을 없애는 행사

평소 일상생활을 케의 날이라고 하고, 사치와 유희를 삼가고 농작업 등의 일에 집중한다. 그런데 병이나 사고 등으로 케의 생활에 문제가 생기는 것을 케가레라고 했다. 이 케가레를 없애는 방법에는 불제祓除가 있고, 케가레의 부정을 물리치면 하레가 된다고 믿었다. 또한 신사에 참배해서 케가레를 없애고 몸을 정화할 수 있다고 한다.

현재 여자아이의 명절인 히나마쓰리도 케가레를 떨쳐버리기 위한 행사에서 시작되었다고 한다(p.50). 자신을 대신한 인형에 게카레를 옮겨서 강에 흘려보내는 방법으로 부정을 없앴다. 이것이 강에 흘려보내는 인형 나가시바나流しびな의 기원이라고 한다. 6월과 12월에는 신사에서 사람의 몸에 쌓인 액운이나 케가레를 띠로 등

글게 만든 치노와고리茅輪를 빠져나가 떨쳐버리는 액막이 행사가 이루어진다(p.90).

케가레를 없애서 하레가 된다

치노와고리 빠져나가기 茅の輪くぐり
반년 동안 쌓인 액운을 치노와고리를 빠져나가서 없앤다. 1년에 두 번, 6월 30일에 여름 넘기 액막이 나쓰고시노하라에夏越の祓え(p.90), 12월 31일에 해넘이 액막이 도시코시노하라에年越しの祓え가 있다.

인형을 강에 흘려보내는 나가시비나
3월 3일은 상사의 셋쿠로 불리는 5개 명절 고셋쿠 중 하나로, 액운이나 케가레를 없애는 풍습이 있었다. 자신의 몸을 대신한 인형에 케가레와 액운을 옮겨서 강이나 바다로 흘려보냈다.

인생의 케가레를 없애는 액년

　액년厄年(야쿠도시)이란 남성이 25세, 42세, 61세가 되는 해, 여성이 19세, 33세, 27세가 되는 해를 가리키며, 그 전후 1년간인 전액년과 후액년에는 특별히 조심해야 할 시기라고 여긴다. 그중에서도 남성이 42세가 되는 해, 여성이 33세가 되는 해를 시니しに*, 산잔さんざん**이라고 하는데, 이 둘은 발음에 맞춰 새롭게 의미를 부여한 용어로 이 나이를 대액大厄이라고 해서 특히 조심해야 할 나이라고 한다.

　액운이 들이닥치기 쉬운 운세가 좋지 않은 나이가 액년인데, 원래 음양도의 이론으로 귀족과 무사들 사이에서 확산되었다. 에도 시대 이후 서민들 사이에도 널리 퍼졌다고 한다. 액년에 신사나 절에서 액막이 기원이나 불제를 하는 풍습은 지금도 건재하다. 덧붙여 액운을 없애기 위해서 기원하는 것을 신사에서는 붙어 있는 액을 떨쳐낸다는 의미로 야쿠바라이厄払い라 부르고, 절에서는 액을 미리 막는다는 의미로 액막이 야쿠요케厄除く 라고 한다.

- * 4를 '시し', 2를 '니に'로 읽으며 한자 표기는 死にしに로 죽음과 관련이 깊다.
- ** 3은 '산'으로 읽는데, 같은 발음이 겹치면 뒤에 오는 발음이 달라져서 '산잔さんざん'으로 발음된다. 한자 표기는 散々さんざん으로, 어떤 상태나 상황이 매우 안 좋을 것을 의미한다.

액년일람

※ 달력 나이

남성		
전액	본액	후액
24세	25세	26세
41세	42세	43세
60세	61세	62세

여성		
전액	본액	후액
18세	19세	20세
32세	33세	34세
36세	37세	38세

쿠바라이·야쿠요케 기도

액년의 기도는 입춘(2월 4일경)까지 끝내는 게 좋다고 한다.

※ 시기는 지역에 따라 다르다.

미신일까? 운수의 풍속

'운수가 좋다', '운수를 본다', '운수가 나쁘다', '불길하다' 등의 운수는 왠지 신경이 쓰인다.

길흉의 전조? 운수의 진짜 의미는?

아침에 차를 내렸을 때 차의 줄기가 곧게 뜨면 오늘은 아침부터 운수가 좋다고 생각하고, 외출을 할 때 현관에서 발이 걸려 넘어지면 왠지 불길하다고 생각한 일이 있을 것이다. 또한 시합 전에 돈가츠를 먹으면 승리한다는 미신을 믿고 실천한다.* 그렇다면 이러한 운수란 무엇일까?

일본어에서 운수는 엔기緣起(연기)라는 단어를 사용하는데, 한자 연기는 원래 불교에서 기원한 말이다. 그 뿌리는 '모든 인연은 연

* 일본어 가츠勝つ는 이길 승勝의 한자를 써서 승리의 의미가 있다. 돈가츠(돈가스)와 발음이 같아서 돈가츠를 상서로운 음식으로 여긴다.

서장 | 풍속에 대해 알자

결되어 있고 정해져 있다'는 인연생기因緣生起에서 비롯되었다. '연緣이 주어지고 결과가 나타난다' 즉, 이 세상에 모든 일은 원인因과 결과起가 있고, 어떤 힘緣에 의해 존재한다는 의미다. 연기의 법칙은 '이것이 있으면 저것이 있고, 이것이 생기면 저것이 생기고, 이것이 없으면 저것이 없고, 이것이 사라지면 저것도 사라진다'라고 표현한다. 모든 것에는 인과관계가 있지만 그 자체로는 성립하지 않는다는 '공空'이라는 존재로 본다.

그러나 현재 일본에서 보편적으로 사용하는 엔기(연기)라는 말은 그것과는 다른 의미가 있다. 서두에서 설명한 것처럼 오히려 길흉의 전조를 점칠 때 사용하는 게 대부분으로, 운수라는 의미로 사용한다. 운수가 좋길 바라고 좋은 기운을 가까이에 두고 싶다는 바람에서 행운이나 복을 부르는 아이템인 다양한 엔기모노緣起物도 옛날부터 사람들에게 사랑받고 있다.

대표적인 엔기모노

다루마 達磨
'철전팔기'에서 유래했다. 가정의 원만함, 사업의 번창, 필승 등을 기원하는 것으로 이마에 학, 수염은 거북이의 수염 형태를 띤다. 눈을 그려 넣는 다루마를 엔기다루마緣起達磨라고 하며, 소원을 담아서 왼쪽 눈을 그려 넣고 소원이 성취되면 오른쪽 눈을 그려 넣는다.

에마 絵馬

소원을 빌 때 말(에마, 絵馬의 마는 말을 뜻함)을 봉납한 데서 유래했다. 말의 그림이 그려진 나무판에 소원과 이름을 써서 절과 신사에 봉납한다. 신이 타는 말인 신마의 봉납을 대신해서 나무판 그림으로 봉납하게 되었다.

마네키네코 招き猫

일본어로 마네쿠招く는 '부른다'는 의미로, 손님이나 금전운을 부른다는 데서 유래했다. 오른손을 들고 있는 고양이는 금전운을, 왼손을 들고 있는 고양이는 손님을 불러온다고 한다. 또한 마네키네코 손의 길이가 귀보다 높은 것을 긴손 長手(나가테)이라고 하는데 길면 길수록 멀리 있는 복, 큰 복을 부른다고 여긴다.

엔기구마테 縁起熊手

엔기는 운수, 쿠마데熊手는 갈퀴라는 의미로, 사업 번창·행운·금전운을 '긁어 모은다'라는 의미에서 유래했다. 쿠마데에는 천량상자, 복덩이 얼굴상 오카메*, 학, 거북이와 같은 운기가 좋은 장식이 붙어 있다. 11월 유일酉日에 거행되는 도리노이치(p.142) 축제에서는 복을 불러오는 상서로운 장식 덕분에 사람들로 북적거린다고 한다.

- 오카메는 눈이 가늘고, 피부가 하얗고 애교가 있는 복스러운 여성의 얼굴상을 말한다.

Column 01

집에도 신이 가득하다!
신이 많은 야오요로즈,
신의 나라 일본

아주 오랜 옛날 일본 사람들은 많은 신이 있다고 생각했다. 산의 신, 바다의 신을 시작으로 자연에 머무는 신, 벼농사와 밭농사 그리고 농사를 돕는 도구에 깃든 신이 있었고 언어에도 고토다마言靈라고 하는 신이 있다.

생활 속에서 행해진 풍속 속에는 언제나 신이 있는 것(p.62)처럼 일상 속에도 신은 늘 우리 곁에 존재한다.

집을 지켜주는 신들

일본의 신은 사실 만능은 아니고, 각각 잘하는 분야가 따로 있다. 그러한 신들이 서로 돕고 협력하면서 지켜준다고 생각한다.

조왕신 かまどの神様 (가마도노카미사마)	옛날 집에는 반드시 밥을 짓기 위한 부뚜막이 있었다. 가족 전체를 지켜주는 신으로 중요하게 모셔졌다.
불의 신 火の神様 (히노가미사마)	일본의 가장 오래된 역사서인 『고사기』에는 히노카구츠치노카미 火之迦具土神로 기록되어 있고, 조왕신이라고도 불린다.
목욕탕의 신 お風呂の神様 (오후로노카미사마)	아메노미쿠마리노카미 天之水分神로 불린다. 물의 신으로 물 주변에 수천궁과 변재천을 모시기도 한다.
측신 厠の神様 (가와야노카미사마)	화장실 신은 우수사마묘오 烏樞沙摩明王로도 불린다. 생명을 잉태하는 신으로 임산부가 화장실을 깨끗하게 청소하면 건강한 아이를 낳는다고 하기도 했다.
가재도구 신 納戸の神様 (난도°노카미사마)	난도 納戸는 농가에서 봄에 뿌리는 볍씨 등을 보관하는 중요한 장소였다. 곡물에 신이 깃든다고 해서 난도를 소중하게 모셨다.
우물의 신 井戸の神様 (이토노카미사마)	우물에 모시는 신은 물의 신 또는 용왕신으로 불린다. 못 쓰게 된 우물을 메울 때는 신사의 신관에게 부탁해서 불제를 진행해 신의 은혜에 감사하는 기도를 올린다.
터주신 屋敷神 (야시키가미)	집터의 한구석의 작은 사당에서 토지신을 모신다. 곡식을 맡은 이나리상 お稲荷さん도 터주신이다.
문의 신 門口の神様 (카도구치노카미사마)	집으로 들어가는 입구를 지켜주는 신으로 밖에서 나쁜 기운이 들어오지 못하도록 지켜준다. 아마노이와토와케노카미 天石門別神로도 불린다.

- 난도는 옷, 가구, 농기구, 부엌 살림 등 가재도구 등을 보관하는 장소를 말한다.

1장
운기가 상승하는 봄의 풍속

히나마쓰리나 봄의 오히간, 하나미, 팔십팔야, 단오의 셋쿠.
3~5월에 친숙한 많은 연중행사 중에서
운기가 상승하는 봄의 풍속을 소개한다.

봄의 풍속 달력

예로부터 '더위도 추위도 오히간까지'라는 말이 있는 것처럼 3월에 들어서면 드디어 본격적인 봄이 시작된다. 여기서는 3~5월 동안 운을 올려주는 풍속을 소개한다. 풍속에 숨겨진 힘을 제대로 충전해서 새로운 해를 시작하자!

※잡절·24절기의 날짜, 기간은 해에 따라 다르다. 여기서는 대략적인 기준을 적는다.

3월 야요이

야요이弥生란 초목미생월草木弥生月(구사키야요이쓰키)의 준말이다. 야미는 '점점 더'라는 의미로 초목이 점점 더 무성해지는 달을 나타낸다. 계절은 중춘이다. 춘분을 중일中日이라고 부르고, 춘분을 전후로 3일간을 봄의 오히간이라고 한다. 이 시기가 지나면 계절은 봄에서 여름으로 향한다.

날짜	풍속 · 고셋쿠 · 잡절	24절기
1		
2		
3	히나마쓰리(상사의 셋쿠) ➡ p.50	
4		
5		
6		계칩은 이즈음
7		
8		
9		**계칩** 겨울잠에서 깨어난 개구리나 뱀이 구멍에서 얼굴을 내미는 때.
10		
11		
12		
13		
14		
15		
16		
17		
18	봄의 오히간 ➡ p.54	
19		
20	춘분(축일)*	
21		춘분은 이즈음
22		
23		
24	(춘분이 끝남)	**춘분** 밤낮의 길이가 대체로 비슷해지는 날로 이날을 경계로 낮이 길어진다. 춘분을 전후로 3일 동안을 봄의 히간이라고 한다.
25		
26		
27		
28	오하나미 시즌 시작 ➡ p.58	
29		
30		
31		

- 축일祝日은 국민의 축일国民の祝日의 약자로 한국의 공휴일에 해당한다.

4월 우즈키

우노하나가 피는 시기를 나타내는 우즈키卯月. 우노하나는 낙엽저목으로 병꽃나무를 말한다. 헤이안 시대平安時代(794~1185년) 여성 작가 세이 쇼나곤清少納言의 수필 『마쿠라노소시』에도 자주 등장하는 달력에서 초여름의 풍물시. 계절은 늦은 봄이다.

날짜	풍속 · 고셋쿠 · 잡절	24절기
1	(상순까지 오하나미가 계속된다)	
2		
3		
4		
5		청명은 이즈음
6		
7		
8	간부쓰에 ➡ 62쪽	**청명** 청명은 청정명결清淨明潔의 준말로, 만물이 맑고 싱그럽다는 의미. 초목에 꽃이 피고, 만물이 화려하고 아름다워지는 시기다.
9		
10		
11		
12		
13	주산마이리 ➡ 66쪽	
14		
15		
16		
17		
18		
19		
20		곡우는 이즈음
21		
22		
23		**곡우** 촉촉하게 내리는 봄비가 농작물을 자라게 한다는 의미. 이 시기에 농작물의 씨를 뿌리면 잘 성장한다고 한다.
24		
25		
26		
27		
28		
29	쇼와의 날 (쇼와 천황의 생일)	
30		

5월 사쓰키

사쓰키皐月는 조묘월早苗月(사나에즈키)의 준말로, 벼 모종을 심는 달이라는 의미다. 입춘(p.157)에서 팔십팔야는 모내기에도 풍작을 가져다주는 운기가 좋은 날이다. 계절은 초여름.

날짜	풍속 · 고셋쿠 · 잡절	24절기
1		
2	팔십팔야(1~2일 즈음) ➡ p.70	
3	(헌법기념의 날)	
4	(녹색의 날)	
5	단오의 셋쿠 ➡ p.72	
6		입하는 이즈음
7		
8		
9		
10		
11		
12		
13		
14		
15		
16		
17		
18		
19		
20		
21		소만은 이즈음
22		
23		
24		
25		
26		
27		
28		
29		
30		
31		

입하
달력상에는 이날부터 입춘 전날까지가 여름이다. 신록이 무성해지고, 상쾌하고 맑은 하늘이 이어지는 시기. 바깥 활동을 하기에도 좋은 날씨다.

소만
양기가 활발해져서 초목이 생장한다는 의미. 또한 가을에 뿌린 보리가 열매를 맺어 다소 만족한다는 의미도 있다. 모내기 준비를 시작하는 시기다.

Spring Tradition
3월 3일

액운을 떨어버리는 계제사로 여성력 상승

히나마쓰리

3월 3일 여자아이 행사

우아한 여자아이의 행사도 기원은 액막이였다.

여자아이의 건강한 성장과 행복을 기원하는 히나 인형을 장식하고, 흰색의 탁한 음료인 백주나 히시모치菱餠*, 키조개 맑은장국, 지라시스시 등 좋은 기운을 부르는 엔기모노 요리로 축하한다.

히나마쓰리는 원래 상사의 셋쿠로 불리는 고셋쿠 즉, 다섯 명절 중 하나로 별칭은 '모모**노 셋쿠桃の節句'다. 지금은 여자아이의 성장과 행복을 기원하는 행사로 익숙하지만 본래 재앙이나 부정을 없애는 계제사의 풍습에서 유래한다. 고대 중국에서는 상사上巳로 불리는 음력 3월 초 사일巳日을 액일로 여겨 물가에서 몸을 깨끗하

* 녹색, 흰색, 분홍색의 마름모꼴 떡이다. 녹색은 건강과 장수, 흰색은 맑고 깨끗함, 분홍색은 액막이를 상징한다.
** 모모桃는 복숭아로, 복숭아꽃이 피는 계절이라는 의미가 있다.

게 씻어 병 없이 건강하기를 기원했다. 게다가 자신을 대신해서 인형人形(도가타)에 부정과 재앙을 옮겨 강이나 바다로 흘려보냈다.

이것이 헤이안 시대에는 인형을 강에 흘려보내는 풍습이 되었고, 현재까지 남아 있는 흘려보내는 인형인 나가시비나의 원형이 되었다. 게다가 귀족의 여자아이들의 인형놀이인 히나 아소비雛遊び와 관련되어 생긴 것이 히나마쓰리의 기원이라고 한다.

화려한 옷을 입은 호화찬란한 단을 만들어 진열한 히나 인형이 등장한 것은 에도 시대다. 히나마쓰리가 끝난 뒤 히나 인형을 빨리 정리하지 않으면 혼기가 늦어진다고 하기도 하고, 히나 인형이 대신 받아준 액운과 재앙이 돌아온다는 설도 있다. 히나 인형은 계칩에 정리하는 것이 좋다고 한다. 계칩은 24절기 중 하나로 매년 3월 6일경이다. 아무튼 히나 인형에게 감사하는 마음으로 정성스럽게 정리하면 여성력과 운이 상승한다고 한다.

> 히시모치는 여성을 상징하는 형태다. 3단으로 나눠진 색은 분홍색이 액막이의 복숭아 꽃, 흰색이 맑고 깨끗한 눈, 녹색이 나쁜 기운을 털어준다고 하는 쑥을 나타낸다. 또한 본래 히나 인형에는 액운과 재앙을 대신하는 역할이 있다. 그래서 자매가 공유하거나 어머니의 것을 물려받지 않고 첫 셋쿠에 새 히나 인형을 선물로 주는 것이 관습이다.

○ 히나 인형의 변천

히나 인형은 오랜 세월에 걸쳐 지금과 같은 화려한 모습으로 변했다. 에도 시대 후기에는 지금의 형태와 거의 같았다.

바다나 강으로 흘려보낸다　　　　　　　　나라 시대~헤이안 시대

인형
종이로 만든 인형에 자신의 부정이나 재앙을 옮겨서 강이나 바다로 흘려보내어 무병무탈을 기원.『겐지모노가타리』[•]에도 등장한다.

나가시비나
짚으로 엮어 둥글게 만든 용기에 태운 남녀 한쌍의 히나 인형을 강이나 바다로 흘려보내어 어린아이가 병 없이 건강하게 자라기를 기원한다. 지금도 건재하는 이벤트다.

인형을 장식하다　　　　　　　　　　　　　　에도 시대~현재

다치비立雛
대체로 종이로 만들어서 가미 히나(종이 인형)라고도 한다. 인형을 입체적으로 만든 매우 심플한 형태로 히나 인형의 원형이라고 한다.

- 일본에서 가장 오래된 고전 소설로 헤이안 시대에 무라사키 시키부가 궁중을 배경으로 한 귀족 사회의 인간사를 그린 소설이다.

일본의 풍습

스와리비 座雛

현재와 같은 형태로 앉아 있는 천황과 황후 모습을 본떠 만든 남녀 한 쌍의 다이리비나 内裏雛가 등장하고, 에도 막부 말기에는 7단 장식을 하게 되었다. 한편 가미가타(현재 오사카)로 불리던 곳에서는 교토 어소 御所를 모방한 호화로운 형태의 고덴 장식 御殿飾り이 유행했다.

간토(동일본)에서는 대체로 왼쪽이 남자고 오른쪽이 여자 인형이고, 간사이(서일본)에서는 왼쪽이 여자고 오른쪽이 남자 인형이다.

단 장식의 단수는 음양도에서 길한 숫자인 홀수

단 장식에 정해진 규칙은 없지만 길한 숫자인 홀수로 장식했다. 또한 액막이의 의미가 있는 히모센 緋毛せん이라는 붉은색 천을 깔고 장식했다.

운기 UP!

- 히나 인형이 액운을 대신 받아서 없앤다!
- 복숭아꽃을 장식해서 액막이 파워!
- 히나 과자, 축하 요리로 행운을 잡는다!

저세상과 이 세상이 가까워진다?
봄의 오히간
춘분 전후 7일

일본의 독자적인 풍속으로 춘분을 전후로 한 3일, 총 7일 동안을 말한다.

'더위도 추위도 오히간까지'라는 말이 있는 것처럼 봄의 오히간은 춘분 중일中日로 한 일주일 동안을 말하고 계절이 바뀌는 시기에 해당한다. 원래 히간彼岸(피안)은 인도 산스크리트어 바라밀을 번역한 말이다. 불교 용어로 '피안에 이른다'라는 뜻이다. 번뇌에 이르러 깨달음의 세계(피안)에 이르는 것을 최고의 상태라고 생각한다. 그에 반해 고민하면서 삶과 죽음으로 괴로워하는 이 세계(현세)를 차안此岸이라고 한다.

불교에서는 극락정토가 있는 피안은 서쪽이고 현세인 차안은 동쪽으로 생각한다. 춘분을 맞이해서 밤낮의 길이가 같아지는 이 시기에 태양은 정동쪽에서 뜨고, 정서쪽으로 진다. 동서의 거리가 가장 가까워지므로 태양을 통해 정토와 가까워질 수 있다고 생각해서 불교 행사를 하게 되었다.

인도에서 전래한 불교 용어가 기원인 이 오히간이라는 관습은 사실 불교 발상지인 인도에도 일본에 불교를 전파한 중국에도 없는 **일본의 독자적인 풍속**이다. 조상을 공경하여 공양하는 오히간은 정서쪽으로 지는 태양을 향해 극락정토의 왕생을 기원하는 히간日願•이라고도 한다. 간사이와 같은 서일본 지방에서는 오히간 동안 아침에 동쪽으로 걸어가서 일출을 보고 절에 참배하러 간다. 또는 오후에 서쪽으로 걸어가서 일몰을 보고 절에 참배한다. 이와 같이 오히간의 **일출과 일몰** 풍습이 남아 있는 지역도 있다. 그러한 풍습을 지키면서 이 시기에 태양이 가진 기운을 얻는 것이다.

> 봄에는 보타모치ぼた(모란떡)와 가을에는 오하기おはぎ(싸리떡)를 먹는데, 이 2개의 떡은 모양도 맛도 똑같다. 하지만 봄에는 모란꽃에, 가을에는 싸리꽃에 비유해서 다르게 부른다. 보타모치는 알갱이가 있는 팥소로 둥글고 크게, 오하기는 곱게 으깬 팥소로 작고 길쭉한 형태로 만든다. 붉은팥에는 귀신을 쫓아내는 힘이 있다고 여겨져서 나쁜 기운을 없애 준다는 의미가 담겼다.

• 彼岸과 日願의 발음이 히간ひがん으로 동일하다.

○ 오히간과 춘분

극락이 있는 피안(히간)은 서쪽, 차안은 동쪽에 있다고 한다. 불교 중도中道의 가르침과 관련지어 태양이 정동쪽에서 뜨고 정서쪽으로 지는 춘분은 저세상과 이 세상이 가장 연결되기 쉬운 날이라고 전해진다.

피안과 차안

불교의 가르침에서 서쪽에는 아미타불의 극락정토가 있다고 생각해서 피안이란 저쪽 언덕=번뇌를 벗어난 열반(궁극의 편안한) 경지에 이르는 것을 말한다. 한편 번뇌의 강(삼도천)을 끼고 반대편 언덕이 차안(현세)이다.

춘분

황도상에서 춘분점을 통과한 태양이 정동쪽에서 떠서 정서쪽으로 지고, 밤낮의 길이가 거의 같아진다. 일본에서는 1948년에 국가 공휴일로 정했다(3월 20일이나 21일). 24절기 중 하나다.

운기 UP!

- 서쪽 정토에서 왕생하기를 기도한다.
- 조상님에게 공양해서 가족의 행복을 기원한다.
- 보타모치를 먹고 재앙과 액운을 떨쳐낸다!

Spring Tradition
3월 하순
~4월 상순

신의 옷인 벚꽃으로 운기 상승!

오하나미

꽃놀이

헤이안 시대 귀족도 에도 시대 서민도 모두 만개한 벚꽃 아래에서 연회를 즐겼다. 지금도 즐기는 오하나미의 풍경이다.

개화 시기에서 만개 시기까지 연일 뉴스에서 보도될 정도로 벚꽃의 개화는 상당히 중요한 관심사다. 벚꽃의 개화가 선언되면 이번에는 언제 만개할지를 예측하면서 북상하는 벚꽃 전선을 따라간다. 그 정도로 일본인에게는 특별한 꽃인 벚꽃.

일본에서 가장 오래된 가집 『만엽집』에도 벚꽃의 아름다움을 노래한 시가 있다. 『만엽집』을 통해서도 나라 시대奈良時代(710~794년)에서 헤이안 시대에 걸쳐 벚꽃은 사람들을 매료시키는 꽃이었다는 점을 알 수 있다. 하지만 오하나미가 널리 서민의 오락이 된 것은 에도 시대부터다. 8대 쇼군 도쿠가와 요시무네德川吉宗(1684~1751년)가 아스카야마산飛鳥山(현재 도쿄도 기타구)과 스미다가와隅田川강(스미다구) 등에 벚꽃을 심어서 에도 시대 서민들이 도시락을 들고 오하나미를 보며 연회를 즐기게 되었다고 전해진다. 벚꽃의 대명사인 왕벚나무나 하나미단고花見団子가 등장한 것도 이 시기다.

한편 농민들 사이에서는 봄의 농작업 전에 논밭의 신을 맞이하는 오하나미가 옛날부터 행해지고 있었다. **봄에 산에서 내려오는 신이 논밭의 신이 되어 사쿠라 옷을 입는다**고 생각했기 때문이다. 벚꽃의 일본어 사쿠라さくら에서 사さ는 논밭의 신을, 쿠라くら는 신이 앉는 장소인 보위를 의미한다. 그래서 벚꽃은 신이 깃든 신성한 꽃으로 생각했다. 또한 꽃의 개화 상태로 한 해의 벼농사 풍작을 점치고, 만개한 벚꽃에 풍작을 기원하기도 했다. 농민에게 오하나미는 쌀농사와 관계되는 중요한 행사 의례였다. 그리고 그것이 오하나미의 유래라고 한다.

벚꽃의 계절에는 꼭 오하나미로 한 해의 길흉을 점치고, 운기를 상승시켜보자!

아마테라스 오미카미(천조대신)의 손자인 간무천황 桓武天皇(737~806년)의 증조부 니니기노미코토가 아름답지만 덧없는 운명의 벚꽃신인 코노하나사쿠야 공주와 바위의 신으로 영원한 생명을 가졌지만 추한 모습의 여동생 중에 아름다운 코노하나사쿠야 공주를 선택해서 인간의 수명이 짧아졌다는 이야기도 있다. 『고사기』에서 전해지는 벚꽃과 관련된 신화다.

○ 벚꽃의 어원과 세 가지 설

벚꽃의 일본어인 사쿠라에는 여러 가지 어원이 있는데, 대표적인 것이 다음의 3개다. 아름다울 뿐 아니라, 어딘가 비밀스러운 사쿠라 이름의 유래다.

① 논밭의 신神(사)이 앉는座(쿠라) 곳이라는 설

겨울 동안 산에 있던 논의 신이 봄에 마을로 내려와 벚나무(사쿠라)에 앉아 있다고 생각했다. 농민들은 벚나무 아래에서 연회를 하고 뿌리에 술을 뿌리고 꺾은 벚나무 가지를 정원이나 논꼬에 세워 나무에 깃든 산의 신을 논의 신으로 옮겼다고 한다.

② 코노하나사쿠야 공주 설

코노하나사쿠야 공주의 사쿠야가 변해서 사쿠라가 되었다는 이야기. 코노하나사쿠야 공주는 일본 신화 『고사기』와 『일본서기』에 등장하는 사쿠라처럼 아름답고 덧없는 운명의 여신이다. 산의 신을 총괄하는 오야마즈미의 딸이라고 한다.

③ '피다'라는 뜻의 동사 '사쿠'에 복수형 '라'가 붙었다는 설

원래 일본어 접미어 라ら는 보통 명사, 대명사, 형용사에 붙인다. 따라서 '피다'라는 뜻의 '사쿠咲く'라는 동사에는 붙이지 않는데, 사쿠라는 '사쿠+라'의 형태라서 생긴 이야기다. 또한 '라'가 복수형이라서 벚꽃이 아닌 꽃이 빽빽한 식물 전체를 가리킨다고도 한다.

> **간토는 쥬메이지** 寿命寺**, 간사이는 도묘지** 道明寺
>
> 쥬메이지는 밀가루를 얇게 구운 피로 팥고물을 말아서 만든 간토 사쿠라 모치桜餅. 도묘지는 찹쌀을 거칠게 빻은 도묘지가루로 만든 모치(떡)로 팥고물을 감싼 간사이 사쿠라모치. 둘 다 소금에 절인 벚꽃잎으로 감쌌다.

운기 UP!

- 신이 입는 벚꽃의 파워를 받는다!
- 신의 나무를 사랑해서 재앙과 액운을 없앤다!
- 만개한 벚꽃은 풍작의 증거!

석가모니의 감차로 건강운 상승!

간부쓰에

관불회

하나마쓰리라고 불리는 석가모니의 탄생일. 석가모니의 운기를 받는다.

4월 8일은 불교의 개조인 석가모니가 태어난 날로 각 절에서는 관불회灌仏会(간부쓰에)라 불리는 법회가 열린다. 일반적으로 절에서 하는 하나마쓰리花祭로 알고 있지만 불교계에서 운영하는 유치원에 다니는 사람에게는 익숙한 행사일 것이다.

일본에 불교가 전해지고 약 반세기 후인 나라 시대 606년에 처음으로 거행된 행사라고 할 정도로 역사가 깊은 풍속이다. 관불회를 하는 날에는 사찰 경내에 형형색색의 꽃으로 장식한 불당에 화어당花御堂이라는 작은 사당을 만들고 그 안에 넣은 수반에는 감차를 가득 채워 불상(탄생불)을 놓는다. 참배자는 국자로 감차를 떠서 탄생불의 머리에 뿌려 축하하며, 병에 걸리지 않고 건강하게 지내기를 기원한다.

이 감차는 석가모니가 탄생했을 때 하늘에서 내려온 9개 머리의 용이 산탕産湯으로 향탕을 뿌렸다는 전설에 따른 것이다. 본래 관불회에서도 향탕을 뿌렸는데, 에도 시대에 감차로 바뀌었다. 관불회에서는 참배자에게 감차를 주는데 이 차를 마시면 병에 걸리지 않고, 이 차로 눈을 적시면 눈이 맑아진다는 등의 공덕을 얻는다고 전해진다. 또한 학업 발전에도 좋다고 하고, 감차가 들어간 묵으로 습자를 하면 예쁜 글씨를 쓸 수 있게 된다고 한다.

관불회는 사원의 불교 종파와 상관없이 열리고, 도쿄 아사쿠사에 있는 센소지浅草寺나 분교쿠에 있는 고코쿠지護国寺에서는 어린이 행렬인 치고稚児 행렬을 하는데, 화려하게 장식한 아이들이 대열을 지어 천천히 걷는 행사다.

석가모니가 산탕에 사용했다고 하는 감차. 이 감차로 먹을 갈아서 주술의 노래를 적어 문 앞에 붙이거나 기둥에 거꾸로 붙여 벌레를 퇴치하는 풍습이 있다. '우즈키 8일은 길일이지, 구더기를 이길 수 있다고 하네'라는 벌레 퇴치 주술 노래도 있다.

○ 간부쓰에(하나마쓰리)의 축하 방법

석가모니가 탄생한 4월 8일에 절에서는 간부쓰에, 요쿠부쓰에浴仏会, 붓쇼에仏生会라는 행사가 행해진다. 일반적으로 하나마쓰리로 익숙하다.

화어당

화어당은 석가모니의 어머니가 출산한 장소를 표현한 곳이다. 룸비니의 화원에서 휴식하던 석가모니의 어머니가 만개한 꽃에 오른손을 뻗었을 때 오른쪽 옆구리에서 석가모니가 태어났다는 전설에서 유래했다. 석가모니는 태어난 직후에 걸어서 동서남북으로 향해 7보를 걷고, 오른손으로 하늘을 가리키고 왼손으로 땅을 가리키며 '천상천아유아독존'을 외쳤다고 한다.

감차

감차는 일본 특산의 범의귀과에 속하는 낙엽저목으로 산수국의 변종이다. 감차의 잎을 건조시키고 발효시킨 후 문질러서 다시 건조시켜서 차로 마시기도 하고, 감미료나 생약으로 사용하기도 한다. 한편 돌외는 박과의 식물로 감차덩굴차와 감차는 다른 종류다.

운기 UP!

- 석가모니에게 무병무탈을 기원한다.
- 감차를 마시고 건강 장수!
- 주술로 벌레 퇴치!

지혜와 복덕의 보살을 참배한다

주산마이리

13살 참배

어린아이에서 어른으로 성장하는 소년·소녀들이 액막이와 지혜를 얻기 위한 참배.

주산마이리十三参り는 달력 나이로 13살(주산)이 된 아이가 음력 3월 13일(양력 4월 13일)에 허공장보살을 모시는 절에서 참배하는 통과 의례의 풍속이다. 참배를 통해 지혜와 복덕을 얻을 수 있다고 해서 '지혜의 참배' 혹은 '지혜 받기'라고 불린다.

왜 13살을 중요한 시기로 여기는지에 대해선 여러 설이 유래한다. 십이지가 한 바퀴 돌면 태어나서 처음으로 액년이 오고, 액막이 나이기 때문이라는 설이 있다. 남자 13살 즈음에는 관례를 치를 나이에 해당한다는 설도 있으며, 여자 13살에는 초경을 시작할 나이로 성인 여성임을 인정하는 성인식이나 온박음질의 성인 기모노를 입는 혼미이와이本身祝い를 하기 때문이라는 설도 있다. 허공장보살의 길일이 13일과 관련이 있다는 설도 전해진다.

주산마이리로 특히 유명한 절이 교토 아라시야마嵐山의 호린지法輪寺라는 절인데 옛날부터 사가의 허공장으로 유명하다. 참배할 때 소원을 담은 한 글자를 작은 종이 조각에 써서 봉납하고, 돌아올 때 뒤를 돌아보지 않고 도게쓰교渡月橋라는 다리를 건너면 지혜를 얻을 수 있다고 한다.

주산마이리는 교토가 발상지라고 하는데, 옛날부터 간사이에서는 활발하게 행해진 풍속이다. 달력 나이로 13살이라고 하면 수험생으로 진입하기 시작한 중학생이다. 지혜와 기억력을 주는 허공장보살에게 참배해서 아이의 운기를 꼭 상승시키기 바란다.

> 생일이 지나서 나이를 먹는 만 나이와 태어나면서 한 살 먹는 달력 나이. 일본에서는 1873년에 태정관에서 처음으로 만 나이를 사용하여 1902년에 '나이 계산에 관한 법률'로 공식화했다. 하지만 민간에서 익숙한 달력 나이의 풍속은 사라지지 않았기 때문에 1950년 다시 '나이를 말하는 법에 관한 법률'을 제정했다.

○ 지혜를 얻기 위한 '지혜 참배'

아이에게 지혜와 지식을 주는 허공장보살에게 참배하는 주산마이리는 지혜 참배知恵参り(치에마이리), 지혜 받기知恵貰い(치에모라이)라고도 불린다.

허공장보살

'허공장'은 우주와 같이 넓고 무한한 지혜와 자비가 있는 보살이다. 사람들의 소원을 이뤄주기 위해서 지혜와 지식, 기억력 등을 꺼내서 준다고 한다. 성적 향상·기억력 증진·두뇌 명석·상업 번창·기예 향상의 공덕이 있다.

뒤를 돌아보지 않는 풍속

주산마이리를 하고 돌아오는 길에 뒤를 돌아보지 않고 도게쓰교 다리를 건너는 풍속이다. 만약 돌아보면 어떻게 될까? 그러면 어렵게 허공장보살에게 받은 지혜가 사라진다고 한다.

운기 UP!

- 인생에서 처음으로 액년의 액막이를 한다.
- 허공장보살에게서 복덕을 받는다.
- 특히 지혜와 기억력의 공덕!

운세가 가장 좋은 행운의 날!

팔십팔야

입춘 후 88일째 되는 날

좋은 운이 무한대로 계속된다는 의미의 숫자가 겹치는 팔십팔야. 쌀과 차로 길흉을 점친다!

팔십팔야八十八夜(하치쥬하치야)는 입춘에서 88일째 되는 날로 세쓰분, 오히간과 같은 잡절 중 하나다. 동요 '차 따기'에서 "여름도 가까워진 팔십팔야~"라고 노래하는 것처럼 팔십팔일 밤이 지난 3일 뒤에는 입하가 찾아온다.

봄에서 여름으로 변화하는 이 시기에 차를 재배하는 농가에서는 새순을 채엽하기 가장 좋은 시기를 맞이한다. 옛날부터 '팔십팔야를 잊은 서리'라는 말이 있는 것처럼 늦은 서리가 내리기 때문이다. 차의 새순은 서리에 약해서 서리가 내리면 말라버리기 때문에 빨리 채엽 작업을 끝내야 한다. 한편 **팔십팔야에 채엽한 차는 좋은 기운이 있는 엔기모노로 여겨진다. 팔십팔야의 오차를 마시면 장수한다고** 해서 이 귀한 오차를 제물상 가미다나神棚에 바치는 풍속은 지금도 각 지역에 남아 있다. 이 시기에 수확한 오차의 새싹은 신차新茶라고 불리며 판매된다.

또한 팔십팔야는 쌀 농가와도 관련이 있다. 팔십팔야라는 숫자를 조합하면 '쌀 미米'라는 한자가 되는 것에서 풍작을 기원하는 마쓰리나 기도 등의 행사와 의식을 행했다. 농가에도 이날을 기준으로 못자리를 내거나 볍씨를 뿌리는 등 농작업에 착수했다.

어촌에서도 마찬가지로 팔십팔야는 중요한 의미가 있는 날이다. 세토 내해瀬戸内海 지역의 마을에서는 이날부터 약 한 달 동안 1년 중 가장 많은 종류의 물고기가 잡히는 시기로 우오시마魚島라는 풍속이 있다.

> 차의 줄기가 곧게 뜨면 운세가 좋다고 하는 몇 가지 이유가 있다. ① 차 거름망이나 찻주전자로 차를 내릴 때 차의 줄기가 곧게 뜨는 경우가 드물기 때문이라는 설. ② 차의 줄기를 집안의 기둥에 빗대어 운세가 좋다는 설. ③ 줄기가 많은 이번차二番茶를 팔기 위해 차 가게에서 고안해냈다는 설.

○ 팔십팔야가 운기 좋은 날인 이유

기운이 좋은 숫자가 중복된 팔십팔야는 차잎 채엽이나 씨 뿌리기를 시작하기에 좋은 시기라고 해서 이때를 기준으로 여름 준비를 시작하면 좋다.

팔십팔야 오차로 장수

팔십팔야에 채엽한 오차의 새순은 신차나 일번차—番茶로 불리는데, 새순을 틔우기 위해서 겨울 동안 축적한 영양분이 풍부하게 함유되어 있다.

팔십팔야 오차는 카테킨이나 비타민이 풍부하다!

팔십팔야에 못자리 내기로 풍작

'팔십팔'이라는 글자는 조상의 영혼이 깃든 '쌀 미米'를 나타낸다. 또한 좋은 운이 무한대로 계속된다고 하는 팔십팔야에 못자리를 내고 볍씨를 뿌리면 풍작을 이룬다고 한다. 팔십팔야 시기에 풍작을 기원하는 행사를 하는 것도 그러한 이유에서다.

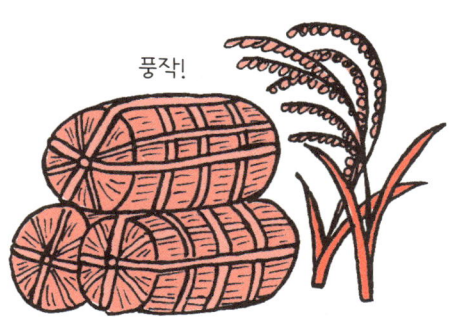

풍작!

운기 UP!

- 좋은 운이 무한대로 계속된다는 행운의 숫자 2개가 겹친 운기가 좋은 날!
- 팔십팔야 오차로 건강과 장수를 누린다.
- 팔십팔야에 볍씨 뿌리기로 풍작!

나쁜 기운을 없애고 입신출세!

단오의 셋쿠

5월 5일 남자아이 행사

창포로 부정이나 나쁜 기운을 없애서 남자아이의 운기를 상승시켜준다!

단오端午의 단端은 시작이라는 의미로, 단오는 달의 첫 오일午日을 나타낸다. 중국 고서에 따르면 단오란 '중하(음력 5월) 단오端五를 의미하는 것으로 5월의 첫 5일을 말한다'라고 적혀 있다. 일본어로 '오' 발음은 '五'와 '午'가 같은데 두 글자가 바뀐 것으로 본래는 '端五'로 기록되어 있었다. 고대 중국에서는 달과 일이 같은 숫자인 길한 숫자(음양도에서 길한 숫자라고 여기는 홀수)의 날을 축하하는 풍속이 있고, 5월 5일에 나쁜 기운을 없애는 행사를 했다고 한다.

남자아이의 성장을 축하하고 입신출세를 기원하는 단오의 셋쿠는 원래 여성이 몸을 깨끗하게 하는 날이었다. 모내기 전인 5월 단오의 날에 사오토메早乙女라고 불리는 처녀들이 쑥이나 창포잎으로 지붕을 이은 무스메야도娘宿나 오나노이에女の家라는 이름의 오두

막에서 하룻밤 묵어 몸을 정갈하게 하다는 풍속이 있었다. 벼농사의 시작인 모내기는 풍작을 기원하는 신성한 농경 행사로 생명을 낳은 출산이라는 신비한 힘이 있는 젊은 여성들이 부정을 피해 깨끗한 몸으로 임한 것이다.

그것이 변해서 단오의 셋쿠가 남자아이의 행사가 된 것은 에도 시대부터다. **남성 중심의 무가 사회가 되고, 가문을 계승할 남자아이의 건강한 성장을 기원하는 일이 매우 중요했기 때문이다.**

창포(쇼부)가 무예를 숭상한다는 의미의 '쇼부尚武(상무)', '쇼부勝負(승부)'와 통하는 용맹스러움의 상징이 되어 갑옷투구나 노보리幟•를 내걸어 남자아이의 무사한 성장을 축하하게 된 것이다.

대나무잎으로 말아서 찐 떡인 치마키ちまき는 헤이안 시대에 중국에서 단오의 셋쿠와 함께 일본에 전래되었다. 나쁜 기운을 없애는 띠로 감싸서 액막이로 먹었다. 팥소를 넣고 떡갈나무잎으로 싼 가시와기모치柏餠는 에도 시대에 시작된 풍습이다. 떡갈나무잎이 마르지 않는 것에서 자손 번창에 좋은 엔기모노로 에도 시대 무가에서 확산되었다. 지금도 간토에서는 가시와기모치를 간사이에서는 치마키를 많이 먹는다.

• 좁고 긴 천을 장대에 매달아 세운 깃발이다.

○ 갑옷투구와 오월 인형, 고이노보리

남자아이의 몸을 지켜주는 부적으로 질병과 사고 등의 액운을 없애고, 건강하게 성장하고 입신출세를 기원하는 갑옷투구와 오월 인형을 장식한다. 나쁜 기운을 씻어내는 창포탕에 들어가는 풍속도 있다.

갑옷 장식

실제로 센고쿠다이묘나 무장의 갑옷투구의 복제가 많다. 활은 마귀를 쫓고, 도검은 호신용으로 들었다.

투구 장식

투구를 중심으로 활과 도검을 장식한 것이 많다. 수납 상자 그 상태로 장식대가 되기도 한다.

긴타로

무사 인형이라고 불리는 것으로 긴타로나 모모타로, 역사적인 인물 등 여러 종류가 있다.

고이노보리

잉어 모양의 깃발로 폭포를 거슬러 올라간 잉어가 용이 되는 중국의 등용문 전설에서 기원한다. 남자아이의 입신출세를 기원하며 에도 시대 후기에 일반화되었다.

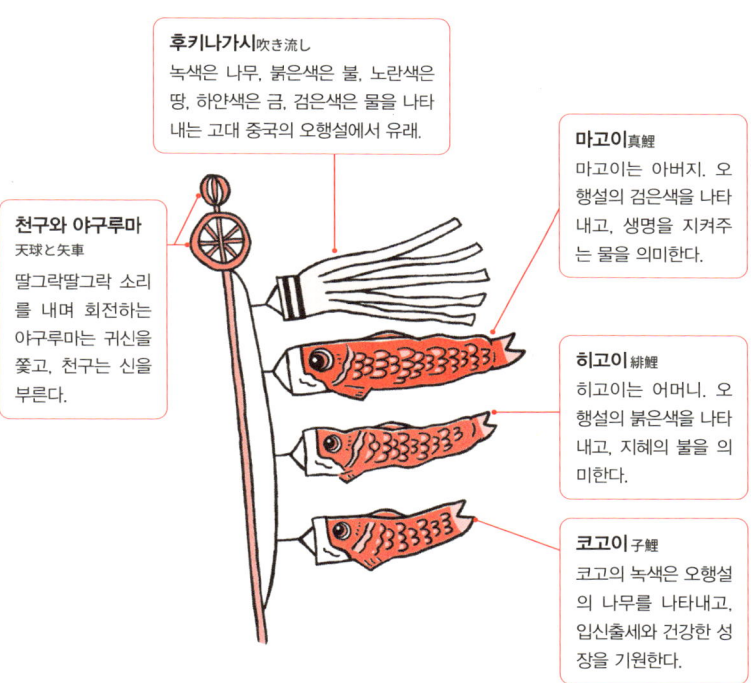

후키나가시 吹き流し
녹색은 나무, 붉은색은 불, 노란색은 땅, 하얀색은 금, 검은색은 물을 나타내는 고대 중국의 오행설에서 유래.

천구와 야구루마 天球と矢車
딸그락딸그락 소리를 내며 회전하는 야구루마는 귀신을 쫓고, 천구는 신을 부른다.

마고이 真鯉
마고이는 아버지. 오행설의 검은색을 나타내고, 생명을 지켜주는 물을 의미한다.

히고이 緋鯉
히고이는 어머니. 오행설의 붉은색을 나타내고, 지혜의 불을 의미한다.

코고이 子鯉
코고의 녹색은 오행설의 나무를 나타내고, 입신출세와 건강한 성장을 기원한다.

운기 UP!

- 갑옷투구나 오월 인형으로 액운을 떨쳐낸다.
- 고이노보리로 출세운 UP!
- 창포탕으로 파워 충전!

1장 | 운기가 상승하는 봄의 풍속

Column 02

하루를 점치는 여섯 가지 종류의 길흉,
육요 六曜

'오늘은 대안 길일로 이렇게 좋은 날에…'라는 말은 결혼식 등의 축하 인사 자리에서 자주 듣는 말이다. 이 달력에 기록된 선승先勝(센쇼), 우인友引(도모비키), 선부先負(센부) 불멸佛蔑(부쓰메쓰), 대안大安(다이안), 적구赤口(삿쿠)를 육요六曜(로쿠요)라 하고, 매일의 길흉을 확인하기 위해 쓰였다. 무로마치 시대室町時代(1336~1573년)에 중국에서 전해졌다고 하는데 원래는 현재의 '일·월·화·수·목·금·토'의 7개 요일과 마찬가지로 날짜를 구별하기 위해서 사용했다고 한다. 날의 길흉을 확인한 것은 에도 시대 후기 즈음이고 이때 서민들 사이에서 확산되었다.

따라서 육요에는 미신이 많기도 하고, 특별한 의미는 없다. 일단 육요에 대해 알아두고 참고하자.

육요	발음	의미
선승	센쇼	서두르면 이긴다는 의미. 만사 일찍하는 게 좋고 오전 중이 길.
우인	도모비키	벗을 이끈다고 읽지만 원래는 '共引' 즉, 음양이 조화를 이루는 것을 의미한다. 장례식은 피하는 게 좋다. 아침과 저녁은 길, 정오는 흉.
선부	센부	서두르면 진다는 의미. 승부나 급한 일은 피하고, 만사 조용한 게 길. 오전은 흉, 오후는 길.
불멸	부쓰메쓰	부처도 멸할 정도로 대흉일이라는 의미인데, 원래는 '物滅'이라고 쓴다. 되는 게 하나도 없는 흉일. 경사는 피하는 게 좋다고 한다.
대안	다이안	대단히 편안하다는 의미. 만사가 순조로운 길일. 결혼식 등 모든 경사가 좋은 날이다.
적구	샷쿠	만사에 신중을 기해 조심하고, 날카로운 물건을 취급할 때 주의해야 한다. 경사는 흉. 정오만 길.

미신이라고 생각되는 부분은 무시하고, 자신의 판단대로 살아가면 좋겠지요.

운기가 상승하는
여름의 풍속

고로모가에나 다나바타, 도요노우시노히土用の丑の日처럼
매우 친숙한 연중행사를 비롯해 한 해의 반 동안 쌓인 액운을 떨쳐내는
나쓰고시노하라에나 오본 등 여름의 풍속으로 운세를 상승시키자!

여름의 풍속 달력

장마가 지나면 드디어 본격적인 여름, 아이들의 여름 방학이 시작된다. 바다와 산의 레저 활동이나 여름 마쓰리 등 즐거운 이벤트가 가득하다. 그리고 여름에는 풍속에 관련된 이벤트도 많다. 일본인이 예로부터 중요하게 여겨온 풍속으로 운기도 상승하는 시즌이다.

※24절기의 날짜, 기간은 해에 따라 다르다. 여기서는 대략적인 기준을 적는다.

6월 미나쓰키

미나쓰키水無月의 유래는 몇 가지가 있는데, 음력으로 이 시기에는 장마가 끝나고 하늘에서 물이 사라지는 달이기 때문이라는 설과 논밭에 물을 채우는 '물의 달'이기 때문이라는 설도 있다. 계절은 중하仲夏.

날짜	풍속 · 고셋쿠 · 잡절	24절기
1	고로모가에 ➡ p.86	
2		
3		
4		
5		
6		망종은 이즈음
7		
8		
9		**망종**
10		망종芒種의 망芒은 까끄라기로 벼
11		나 보리의 낟알 껍질에 붙은 깔끄
12		러운 수염을 말한다. 씨가 생기는
13		벼나 보리 등의 종자를 뿌려야 할
14		적당한 시기라는 의미다.
15		
16		
17		
18		
19		
20		
21		하지는 이즈음
22		
23		
24		**하지**
25		1년에서 가장 낮이 긴 날. 달력상
26		에서는 여름의 반환점에 해당하
27		고, 하지를 지나면 본격적인 여름
28		이 시작된다.
29		
30	나쓰고시노하라에 ➡ p.90	

7월 후미즈키

후미즈키文月는 다나바타(칠석) 행사와 관련해서 책을 펼쳐 말린다는 의미의 후미히라키즈키文披月에서 온 말이라는 설*, 벼 이삭이 살찐다는 의미의 호후미즈키穗含月에서 변한 말이라는 설이 있다. 계절은 만하晩夏.

날짜	풍속 · 고셋쿠 · 잡절	24절기
1	야마비라키 ➡ p.94 / 오주겐 ➡ p.102	
2		
3		
4		
5		
6		
7	다나바타 ➡ p.98 / 다나바타의 셋쿠	소서는 이즈음
8		
9		
10		**소서** 더위가 점점 강해진다는 의미. 소서와 대서를 합쳐서 대략 한 달을 서중暑中이라 한다. 서중 문안 인사 엽서를 보내는 시기다.
11		
12		
13		
14		
15		
16	(8월 15일까지)	
17		
18		
19		
20		대서는 이즈음
21		
22		
23	(바다의 날)	**대서** 1년 중 가장 기온이 높아져 한창 더운 시기. 도요노우시노히土用의 丑의 日가 가까워지면서 더위를 먹지 않도록 몸보신을 위해 장어를 먹는 풍습이 있다.
24	(스포츠의 날)	
25		
26		
27		
28		
29		
30		
31		

• 7월 7일 칠석 밤에 책을 열어 밤공기에 말려서 글의 실력 향상을 기원하는 풍습을 후미히라키즈키文披月라고 했다.

8월 하즈키

음력 달력에서 가을이 시작하는 계절인 하즈키葉月는 잎이 떨어지기 시작하는 달이라는 말에서 유래한다. 양력 달력의 오본이기도 하고, 각 지역에서 본오도리盆踊り*나 하나비 대회와 같은 행사가 이루어진다. 계절은 초추初秋.

날짜	풍속 · 고셋쿠 · 잡절	24절기
1	오주겐 ➡ p.102	
2		
3		
4		
5		
6		
7		
8		입추는 이즈음
9		
10	(산의 날)	
11		
12		**입추** 아직 더위가 심한 시기지만 이날부터 달력상에서는 가을이다. 입추를 지나면 서중 문안 인사에서 잔서 문안 인사残暑見舞い로 바뀐다.
13	오본 ➡ p.110	
14		
15		
16		
17		
18		
19		
20		
21		
22		
23		처서는 이즈음
24		
25		
26		**처서** 더위가 누그러진다는 의미로 아침과 저녁이 점점 시원해지고 초가을이 다가오는 것이 느껴지는 시기. 가을 태풍 시즌이 시작된다.
27		
28		
29		
30		
31		

* 본오도리는 오본(백중) 기간 밤에 사람들이 모여 추는 민속춤의 일종이다.

궁중 행사에서 시작
고로모가에
계절마다 옷 갈아입기

헤이안 시대 이전부터 전해오는 일본 고유의 풍습으로, 사계절이 있는 나라에만 있는 풍속이다.

사계절이 있고, 추위와 더위의 차가 큰 일본에서는 옷을 계절에 맞춰 바꾸면서 입는 관습이 있다. 이 옷을 바꾸는 고로모가에衣替え의 시작은 아주 오래되었고, 헤이안 시대에 갱의更衣라는 궁중 행사에서 시작되었다. 음력 4월과 10월 삭일朔日(1일)을 고로모가에 날로 삼아 생활 용품도 계절에 맞춰 교체했다.

에도 시대에는 막부가 무사에게 고로모가에를 정해주어 매년 네 번에 걸쳐 착용하는 기모노의 형태가 지정되었다. 이것이 서민에게도 확산되었다. 하지만 당시 목화솜은 고가여서 4월 여름옷의 고로모가에는 겨울옷에 들어간 솜을 빼서 여름옷으로 다시 만들어 입는 등 여러 가지 방법을 고안했다. 이러한 풍습에서 4월 1일 고로모가에는 와타(솜)를 빼냈다는 의미로 와타누키綿貫라고 불렸다.

기모노를 입을 때는 겨울에는 고산수枯山水나 동백, 봄에는 벚꽃 등 계절을 느낄 수 있는 문양을 즐겼는데, 계절을 앞서서 입는 것이 세련된 멋으로 여겨졌다.

메이지 유신으로 서양력이 도입되자 여름옷으로 갈아입는 고로모가에는 6월 1일, 겨울옷으로 갈아입는 고로모가에는 10월 1일이 되었다. 지금도 학교나 관공서 등에서는 이날에 고로모가에를 하고 있다.

최근에는 고로모가에 날을 정해서 일제히 실시하지 않지만 전국의 신사에서는 여전히 4월과 10월에 신에게 새 옷을 봉납하고 신복神服 등을 바꾸는 신사 행사인 고로모가에 마쓰리가 행해진다.

> 사월일일四月一日이라고 쓰고 '와타누키'라고 읽는 성이 있는데, 이 진귀한 성씨는 에도 시대의 고로모가에와 관계가 있다. 무사는 막부가 정한 대로 매년 네 번에 걸쳐 고로모가에를 했는데 겹옷 기모노에 솜을 넣어 만들고 봄에는 솜을 빼낸 후 다시 재봉을 했다. 4월 1일의 고로모가에는 '와타누키'라고도 부르는데, 이것이 四月一日(와타누키)라는 성씨의 유래라고 한다.

○ 고로모가에의 역사적 변천

헤이안 시대의 궁중 행사에서 에도 막부가 무사를 상대로 정한 규칙까지, 고로모가에는 의외로 역사가 긴 일본의 독자적인 풍속이었다.

헤이안 시대의 갱의 更衣

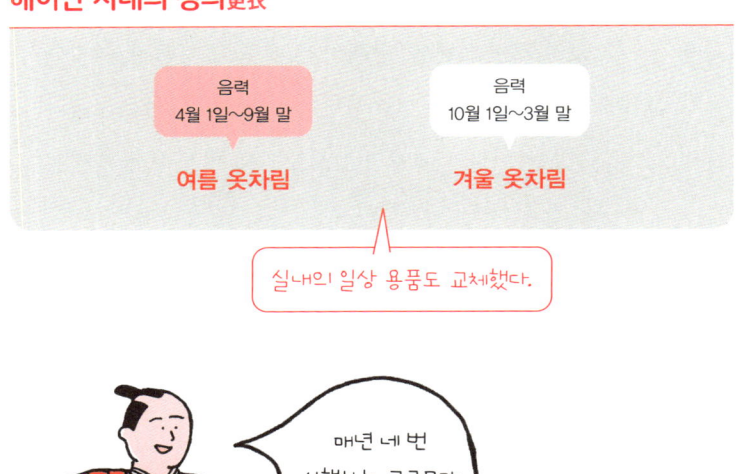

에도 시대의 무가 사회

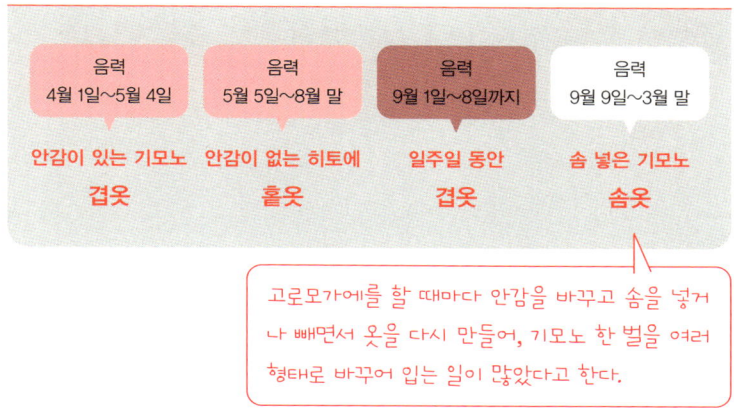

고로모가에를 할 때마다 안감을 바꾸고 솜을 넣거나 빼면서 옷을 다시 만들어, 기모노 한 벌을 여러 형태로 바꾸어 입는 일이 많았다고 한다.

메이지 시대의 제복

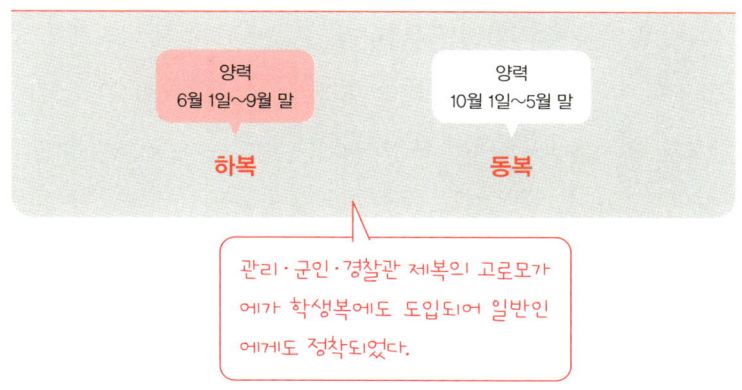

관리·군인·경찰관 제복의 고로모가에가 학생복에도 도입되어 일반인에게도 정착되었다.

운기 UP!

- 헌 옷을 정리해서 운기를 좋게!
- 정리정돈으로 운세 UP!

반년 동안 쌓인 액운을 없앤다

나쓰고시노하라에

여름을 넘기는 액막이 행사

반년 동안 쌓인 부정한 것들을 없애는 액막이.

1년의 딱 반을 지나는 지점인 6월 30일에는 아직 더위가 한창이다. 하지만 음력에서는 이날을 경계로 가을이 시작된다고 해서 여름을 넘기는 액막이 행사인 나쓰고시노하라에夏越しの祓를 한다.

여름을 넘기는 액막이는 반년 동안 쌓인 살생 등의 과오를 없애서 액운을 떨쳐버리는 행사로, 특히 유명한 것이 치노와쿠구리茅の輪くぐり*다. 신사의 경내에 둔 띠라는 식물을 다발로 엮어 만든 커다란 원을 통과한 경험이 있는 사람도 많을 것이다.

이 원을 통과하면 재앙이 사라지고, 심신이 맑고 깨끗해진다고

---

* 치노와쿠구리茅の輪くぐり에서 치노茅는 띠, 와輪는 원, 쿠구리는 통과한다는 뜻이다.

한다. 하지만 그냥 통과해서 되는 건 아니고 처음에는 왼쪽으로 돌고, 다음에는 오른쪽으로 돈 후에 마지막에 다시 왼쪽으로 돌아서 8자 모양으로 통과해야 한다는 규칙이 있다.

여름을 넘기는 액막이와 관련된 또 하나의 행사가 히토가타人形다. 종이를 인형 모양으로 오려낸 것을 가타시로形代라고 하는데, 여름 액막이 행사가 가까워지면 신사에서 배부한다. 이 인형에 이름과 생년월일을 적어서 자신의 몸에 문지른 후 숨을 세 번 불어넣으면 인형이 액운과 부정을 대신 가져간다. 여름을 넘기는 액막이 행사 당일 이것을 신사에 주면 액막이를 해준다. 그러고 나서 바다 또는 강에 흘려보내거나 신사에서 화톳불에 태운다.

반년 후인 12월 31일에는 큰 액막이 행사인 오오하라에大祓를 하고 봄을 맞이한다. 여름에서 가을로, 겨울에서 봄으로 바뀌는 날에 심신을 깨끗이 하면 새로운 행운이 찾아올 것을 보증해준다.

여름을 넘기는 액막이 행사 날에는 미나즈키水無月라는 전통 과자를 먹는 풍속이 있다. 음력 6월 1일은 '얼음의 셋쿠'라고 해서 무로마치 시대 궁중에서는 어소로 얼음을 주문하여 더위를 떨쳐냈다. 얼음을 구할 수 없는 서민은 삼각형 모양의 과자 우이로우에 귀신 쫓는 의미가 있는 팥을 올린 과자 미나즈키를 먹어 더위를 떨쳐냈다고 한다. 삼각형은 얼음 모양을 딴 것이라고 한다.

○ 치노와쿠구리

반년 동안 쌓인 액운을 없애는 여름을 넘기는 액막이 행사 나쓰코시노하라에는 규칙이 있다. 또한 한 쌍의 행사로 반년 후인 12월 말에는 해넘이 액막이인 도시코시노하라에 年越の祓를 하는 게 풍속이다.

치노와쿠구리 방법

① 왼쪽 → ② 오른쪽 → ③ 다시 왼쪽으로 숫자 8을 쓰듯이 세 번 통과해서 경내로 들어간다. 그때 '미나즈키의 나쓰고시노하라에를 하는 사람은 1,000살까지 살 수 있다'라고 외친다. 신사나 지역에 따라 규칙이 다르다.

운기 UP!

- 반년 동안 쌓인 액운을 없애고 하반기로 GO!
- 인형을 흘려보내어 액막이!
- 미나즈키를 먹고 액막이!

2장 | 운기가 상승하는 여름의 풍속

산의 영험한 덕을 입는다

야마비라키

산 개방

고승이나 수행자만 출입이 가능했던 영산에 올라 운세를 충전한다!

옛날부터 신령이 살고 있다고 생각해서 산은 신앙의 대상이 되었다. 그래서 영산으로 여겨지는 산에는 승려나 야마부시山伏와 같은 수행자만 출입할 수 있었다. 여름의 일정한 시기에만 일반인도 산에 출입할 수 있도록 허용하였는데, 그해에 처음으로 입산할 수 있는 날이 야마비라키山開き다.

일본의 영산으로 가장 먼저 떠오르는 이름은 후지산일 것이다. 후지산의 야마비라키는 7월 1일이다. 하지만 눈이 녹은 상태 등에 따라 일정이 변하기도 한다. 당일에는 신관이 축사를 올려 등산자의 무사를 기원하고, 흰 옷차림에 흰 나무 지팡이인 금강장을 든 수행자가 육근청정六根淸淨을 외치며 등산하는 모습을 볼 수 있다.

후지산에 대한 신앙은 고대부터 이어져 왔는데 에도 시대가 되자, 민중들 사이에서도 후지산 등산이 유행이 되었다. 하지만 후지산은 비용 면에서 봐도 쉽게 오를 수 있는 산이 아니었다. 그래서 후지코富士講라는 그룹을 만들어 등산 비용을 모아 대표자가 가입자의 기원을 대행하는 일도 성행했다. 게다가 후지산을 모방한 후지즈카富士塚라는 인공적으로 조성한 언덕이나 산을 만들어, 거기에 올라가면 진짜 후지산에 오른 것과 같은 공덕을 얻을 수 있다고 여기기도 했다.

후지산을 비롯해 산에는 신비스러운 분위기가 감돈다. 나무숲에 둘러싸여 맑은 공기를 마시면 몸속 깊숙한 곳에서부터 힘이 솟아나는 건 분명하다.

> 야마비라키는 물 사고로 죽은 수해자를 공양하는 수신제水神祭가 유스즈미夕涼み 풍습*과 연결되어 납량 기간의 막을 여는 축하 행사가 되었다. 스미다가와강이 특히 유명한데, 불꽃놀이(하나비) 첫날에는 도쿄 토박이들로 크게 붐빈다. 오늘날 스미다가와 하나비의 시작이기도 하다. 한편, 바다를 개방하는 우미비라키海開き는 메이지 시대 이후 해수욕장이 생긴 것을 계기로 시작된 비교적 새로운 풍속이다.

- 뜨거운 열기가 한풀 꺾인 저녁에 시원한 바람을 쐬며 여름을 즐기는 풍속을 말한다.

○ 일본 삼영산

예로부터 산악 신앙이 강하게 뿌리내린 일본에는 많은 영산이 있다. 그중에서도 삼영산三靈山이라고 불리는 산이 있고, 이 산들은 '일본 3대 명산'으로도 불린다.

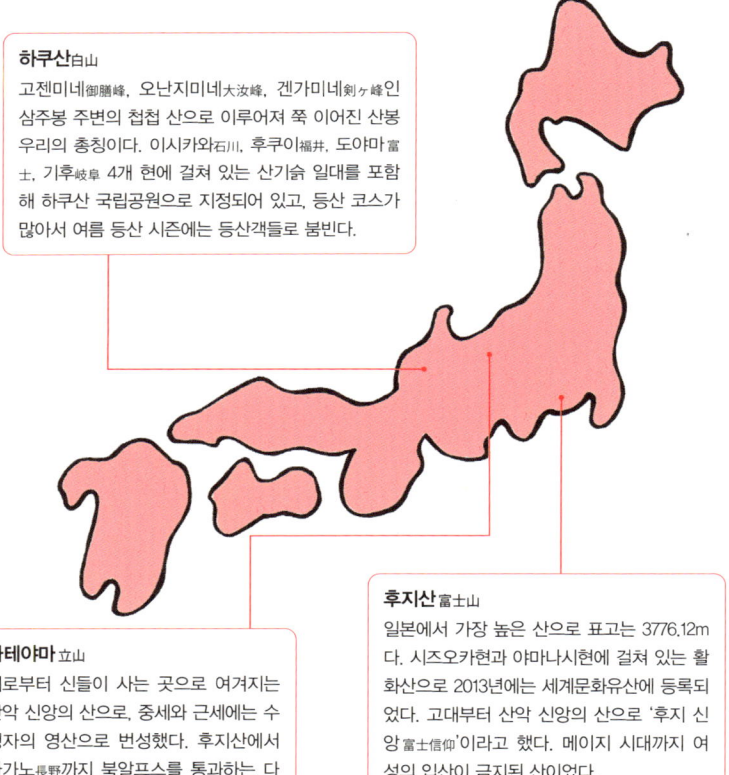

하쿠산白山
고젠미네御膳峰, 오난지미네大汝峰, 겐가미네劍ヶ峰인 삼주봉 주변의 첩첩 산으로 이루어져 쭉 이어진 산봉우리의 총칭이다. 이시카와石川, 후쿠이福井, 도야마富士, 기후岐阜 4개 현에 걸쳐 있는 산기슭 일대를 포함해 하쿠산 국립공원으로 지정되어 있고, 등산 코스가 많아서 여름 등산 시즌에는 등산객들로 붐빈다.

다테야마立山
예로부터 신들이 사는 곳으로 여겨지는 산악 신앙의 산으로, 중세와 근세에는 수행자의 영산으로 번성했다. 후지산에서 나가노長野까지 북알프스를 통과하는 다테야마 구로베 알펜 루트立山黒部アルペンルート는 세계에서 유수의 산악 관광 루트로 여겨져 많은 관광객이 방문한다.

후지산富士山
일본에서 가장 높은 산으로 표고는 3776.12m다. 시즈오카현과 야마나시현에 걸쳐 있는 활화산으로 2013년에는 세계문화유산에 등록되었다. 고대부터 산악 신앙의 산으로 '후지 신앙富士信仰'이라고 했다. 메이지 시대까지 여성의 입산이 금지된 산이었다.

일본의 풍습

육근청정(롯콘쇼우죠)이 돗코이쇼인 어원설

오감과 마음을 갈고닦아 수행에 집중해서 힘을 발휘하도록 기원하는 말 롯콘쇼우죠. 산을 오르는 수행자가 외치는 이 말이 변해서 '돗코이쇼'•가 되었다.

운기 UP!

- 야마비라키 신사 의식으로 영험한 덕을 입는다!
- 일본 유수의 파워 스폿!

• 일본어로 돗코이쇼どっこいしょ는 앉거나 일어설 때 힘이 들어가면서 나는 소리다.

사랑의 전설로 애정운 상승!

다나바타

칠석

은하를 무대로 전해지는 견우와 직녀의 전설.

견우와 직녀가 1년에 한 번, 7월 7일에 만나는 날로 유명한 칠석 전설은 중국에서 생겨났다. 견우(소치는 별)와 직녀(베짜는 공주) 부부는 사이가 너무 좋아서 일을 게을리한 탓에 하느님이 이들을 은하수 양쪽으로 떨어뜨렸다. 단, 1년에 한 번 7월 7일에만 까치가 놓은 다리를 건너 만날 수 있다는 전설이다. 이날에는 여성들이 바느질 솜씨가 늘어나기를 기원하며 공양물을 바친 후 직녀별에 소원을 비는 걸교전乞巧奠이라는 행사가 열렸다. 이 걸교전이 나라 시대의 일본에 전해져 궁중 행사로 도입되었다.

당시 일본의 칠석인 다나바타는 정원에 제단을 만들고 견우와 직녀에게 바다의 진미와 산의 진미를 바치고 별을 바라보며 와카和歌를 교환하는 우아한 행사였다. 이때 와카나 소원을 단자쿠短冊에

쓴 것이 소원 종이를 조릿대에 걸어 놓는 다나바타 장식의 유래라고 한다. 양력 7월 7일은 장마가 한창일 때지만 음력 7월 7일은 장마가 끝나는 시기다. 그래서 다나바타에는 오본에 앞서 장마의 부정을 깨끗이 털어내고 조상의 영혼을 맞이하기 위한 액막이의 의미도 더해진다. 현재도 다나바타 마쓰리를 음력으로 하는 지역이 있다.

7월 7일 저녁 무렵을 칠석으로 불렀는데, 수신水神에게 바치는 신성한 천을 짜는 처녀인 다나바타 처녀 전설(베틀 짜는 처녀 전설)과 맞물려 '다나바타'•라는 이름으로 변했다는 설도 있다. 연중행사 중 하나로 정해진 때는 에도 시대로, 이때부터 무가나 서민에게도 확산되어서 현재와 같은 형태로 변했다.

> 여름 밤하늘에서 견우와 직녀 두 사람을 발견할 수 있다. 동쪽 하늘에서 빛나는 거문고자리인 '베가'는 직녀성, 독수리자리인 '알타이르'는 견우성이다. 이 둘을 백조자리인 '데네브'와 연결하면 '여름철 대삼각형'이 된다. 모두 일등별로 한층 더 밝게 반짝거린다. 8월 상순인 20~22시가 이 별자리를 발견하기에 가장 좋은 시간대라고 한다.

• 다나바타棚機는 베틀이라는 뜻이다.

2장 | 운기가 상승하는 여름의 풍속

○ 다나바타 장식의 종류와 의미

나쁜 기운을 없앤다고 하는 조릿대에 소원을 적어 단자쿠를 거는 다나바타 장식. 단자쿠 외에도 색종이로 만든 장식이 조릿대를 알록달록 수놓는다.

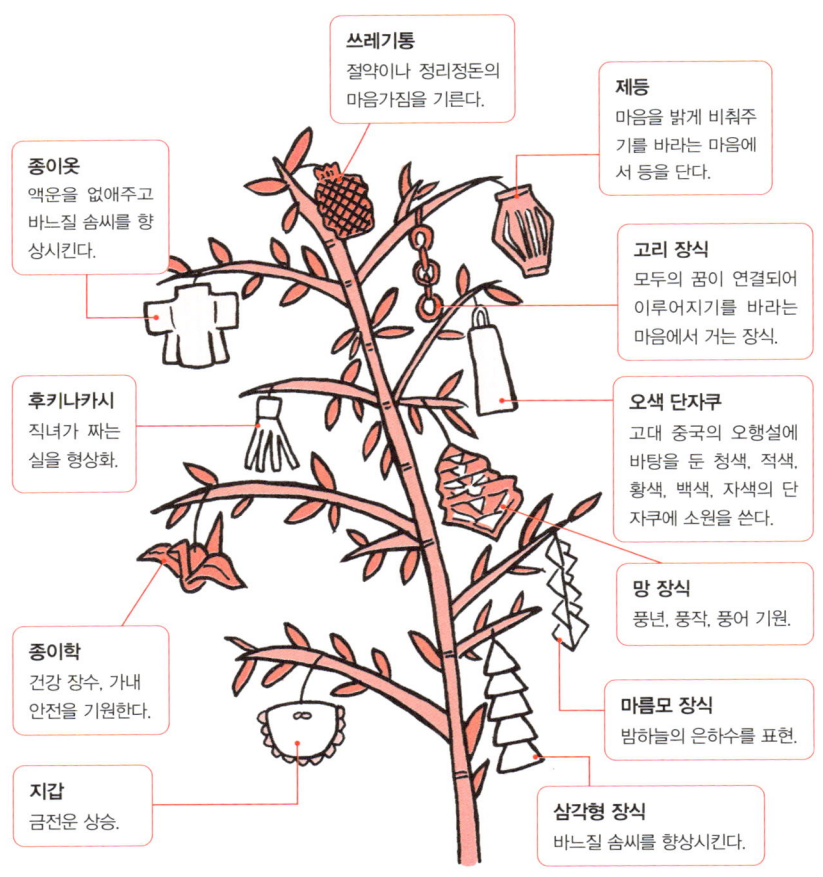

쓰레기통
절약이나 정리정돈의 마음가짐을 기른다.

제등
마음을 밝게 비춰주기를 바라는 마음에서 등을 단다.

종이옷
액운을 없애주고 바느질 솜씨를 향상시킨다.

고리 장식
모두의 꿈이 연결되어 이루어지기를 바라는 마음에서 거는 장식.

후키나가시
직녀가 짜는 실을 형상화.

오색 단자쿠
고대 중국의 오행설에 바탕을 둔 청색, 적색, 황색, 백색, 자색의 단자쿠에 소원을 쓴다.

종이학
건강 장수, 가내 안전을 기원한다.

망 장식
풍년, 풍작, 풍어 기원.

마름모 장식
밤하늘의 은하수를 표현.

지갑
금전운 상승.

삼각형 장식
바느질 솜씨를 향상시킨다.

일본의 풍습

다나바타 소면

7월 7일에 사쿠베이索餠라는 밀가루로 만든 과자를 먹는 고대 중국의 풍습이 일본에도 전해졌는데, 그것이 변해서 다나바타 소면을 먹게 되었다. 병의 치유를 기원하면서 먹는다.

운기 UP!

- 견우와 직녀의 러브 파워.
- 음양오행의 오색 단자쿠에 소원을 담는다!
- 액막이 조릿대로 부정을 떨쳐버리자!

신에게 바치는 공양물

오주겐

중원 때 주는 선물

원래 오주겐은 신에게 공양물을 바치고 속죄하는 날이었다!

평소 감사한 마음과 여름 안부 인사를 겸한 오주겐お中元(중원)은 중국에서 발생한 종교 도교道教의 가르침인 삼원절三元節에서 유래한다. 삼원절은 음력 1월 15일 상원上元, 7월 15일 중원中元, 10월 15일 하원下元을 말하고, 삼원절에는 신에게 공양을 하고 축하 행사를 했다. 특히 중원 때는 속죄의 의미를 담아 정원에서 불을 지피는 관습이 있었다고 한다.

이 관습이 일본에 전해지자 오본과 겹치는 시기여서 조상에게 공양한다는 의미가 강해졌다. 그러다가 신세를 진 지인이나 친척에게 선물을 보내는 관습으로 변했다고 한다. 보내는 물건도 처음에는 조상에 대한 공양물로 밀가루, 쌀, 소면과 같은 면 종류나 과자, 과일 등의 식품이 많았고, 고인 사망 후 사십구재를 마치고 처음 맞이하는 니이본新盆(p.111)을 지내는 집에는 향과 제등을 보냈다.

일반적으로 오주겐을 보내는 시기는 7월 초부터 15일경이다. 15일이 지나면 오주겐이 아닌 서중 문안 인사가 되고, 8월 8일 즈음에 입추가 지나면 잔서 문안 인사가 된다. 단, 지역에 따라서는 8월 15일까지 오주겐 시기로 여기는 곳도 있기 때문에 받는 사람을 고려해서 오주겐으로 할지, 서중 문안 인사로 할지 정하는 게 좋다.

최근에는 오주겐을 백화점에서 배달해주는 일이 많지만 가능한 상대방의 얼굴을 보면서 직접 전하는 게 좋다. 그렇게 하면 주는 사람의 감사한 마음이 더욱 잘 전달된다.

> 상대방이 상중일 경우에도 오주겐을 보내도 된다. 하지만 선물을 싸는 포장지는 일반적으로 사용하는 홍백의 끈을 피하고, 무늬가 없는 순백의 닥나무로 만든 종이나 백색 단자쿠로 포장한 다음 겉에 오주겐御中元이라고 쓴다. 또한 사십구재가 지난 후에 보낸다. 사십구재를 기다리다가 시기를 놓쳤을 때에는 '서중 문안 인사'나 '잔서 문안 인사'로 대신한다.

○ 오주겐의 유래

주겐中元(중원)은 중국 도교의 삼원절 중 하나로, 이날 절에서 불교 행사를 행했다. 소면이나 쌀, 밀가루와 같은 곡류, 과자나 과일 등을 바친다.

삼원절

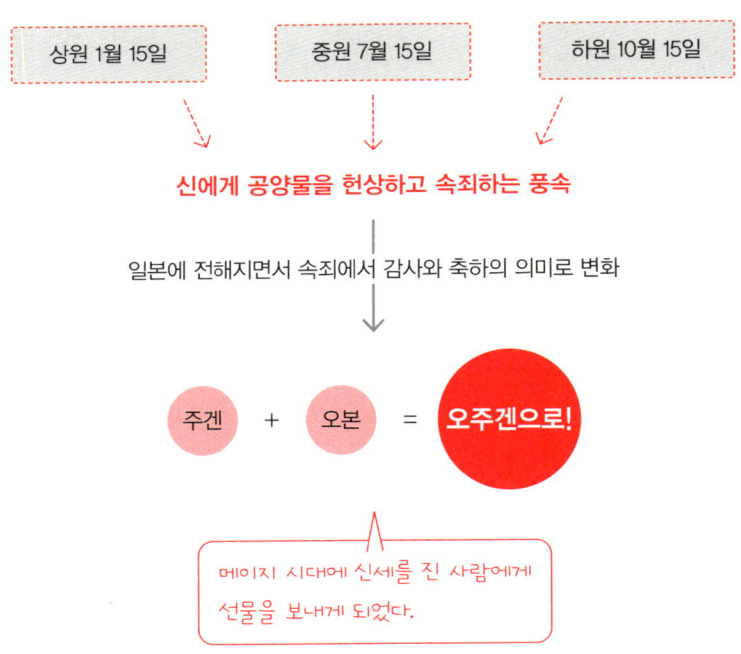

오주겐을 보내는 시기

지역에 따라 오주겐 시기가 다르다

지역	시기
홋카이도	7월 15일~8월 15일
도호쿠·간토	7월 1일~15일
호쿠리쿠	7월 1일~15일(지역에 따라 다르다)
도카이·간사이·주고쿠·시고쿠	7월 15일~8월 15일
규슈	8월 1일~15일
오키나와	매년 다르다(음력 오본)

보내는 시기를 놓쳤다면

7월 15일이 지났다면 서중 문안 인사를 보낸다. 8월 8일 즈음 입추가 지났다면 잔서 문안 인사가 된다. 상대방이 윗사람이라면 서중어사暑中御伺, 잔서어사残暑御伺로 보낸다.

운기 UP!

- 감사의 마음이 운을 좋게 한다.
- 받은 사람도 운기 상승!

도요노우시노히

여름 보양식 장어 먹는 날

'우う'가 붙는 음식은 우나기うなぎ, 장어가 최강? 운세도 건강도 한꺼번에 올린다!

현재 도요土用라고 하면 여름의 풍물시처럼 생각하기 쉬운데 도요는 입춘, 입하, 입추, 입동 전인 18일 동안을 가리키고, 입추 전이 이른바 '여름 도요'다.

이 시기는 여름이 한창일 때로 더위 먹는 사람도 많았다. 그것을 피하기 위해서 '도요노우시노히에 우가 붙는 것을 먹으면 더위를 먹지 않는다'라는 말이 생기면서 먹게 된 것이 우메보시나 우리(참외), 우동 그리고 우나기(장어)다.

참고로 십이간지로 나타내는 우시노히丑日(축일)는 도요 기간 중엔 두 번 찾아오는 해도 있는데, 이러한 경우에는 첫 번째는 일우시一丑, 두 번째는 이우시二丑라고 부른다.

우나기는 고단백질로 비타민도 풍부하다. 나라 시대 와카집 『만엽집』에도 여름을 탈 때 더위를 먹지 않기 위한 최적의 식재료로 우나기를 권하는 노래가 있다. 하지만 천연 우나기의 제철은 10월부터 12월경이다. 게다가 강하게 간을 한 우나기를 무더위 속에서 즐겨 먹는 사람이 적어서 우나기 가게가 곤란한 상황이었다. 그 고민을 해결한 사람이 에도 시대 중기 난학자 히라가 겐나이平賀源内(1728~1780년)였다. 겐나이가 '오늘은 도요노우시노히'라고 써서 우나기 가게 앞에 붙여두자 크게 입소문을 탔다고 하는 이야기가 있다.

그밖에도 도요노우시노히에는 우시유丑湯라는 약초를 넣고 욕조에 몸을 담그거나 해수욕을 하거나 하는 풍습이 있다. 또한 이날에 수국을 처마 끝에 달아놓으면 금전운이 상승한다고도 한다.

간토와 간사이는 우나기 손질 방법이 다르다. 흔히 '간토는 등을 가르고, 간사이는 배를 가른다'라고 하는데, '에도 등 가르기', '게이한京阪(교토와 오사카)의 배 가르기'라고도 한다. 간토에서는 우나기의 등을 갈라서 꼬치에 끼운 후 껍질부터 하얗게 구운 다음에 쪄서 양념장을 바르고 다시 굽는다. 간사이에서는 우나기의 배를 갈라 양념장을 바른 후 찌지 않고 꼬치구이를 한다.

○ 도요노우시노히와 '우'가 붙은 음식

지금은 도요노우시라고 하면 우나기를 떠올리는 게 당연한데, 우나기가 여름 보양식으로 유명해진 데에는 에도 시대 난학자인 히라가 겐나이의 역할이 컸다. 하지만 사실 좋다고 여겨지는 '우'가 붙는 음식은 또 있다.

우나기

비타민A, E 외에도 지방이나 단백질을 많이 함유해 여름 더위를 이기는 데 가장 알맞는 우나기. 속이 더부룩한 증상이나 여름 감기 예방에 좋다고 한다.

정전기가 발생하는 장치, 전기 발명으로 우명한 히라가 겐나이. 그는 일본 최초의 카피라이터였다!

'우'가 붙은 음식

도요노우시노히에 먹으면 좋은 '우'가 붙은 음식. 우나기 외에도 좋다고 하는 음식이 많다.

우리(참외)

칼륨이 풍부해서 수분을 체외로 배출하는 작용을 한다. 이뇨 작용으로 붓기를 해소하고, 몸의 열을 식혀준다.

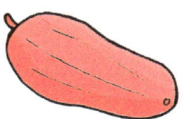

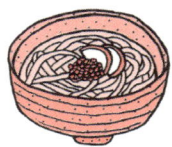

우동

면 종류 중에서도 특히 소화에 좋은 우동은 지친 몸이나 뇌에 에너지를 빨리 보급한다. 식욕이 없어도 먹기 쉽다.

우메보시

유기산이 많아 피로 회복이나 어깨 결림을 치료하는 효능이 있다. 균의 증식을 억제해서 장내 환경 개선에도 좋다. 식중독 예방에도 효과가 있다.

운기 UP!

- 우나기로 스태미나 업!
- '우'가 붙은 음식으로 운세 UP!
- 약탕, 입욕제 등의 욕조에 몸 담그는 우시유로 파워 업!

조상의 영혼을 대접한다!

오본

조상을 맞이하는 불교 행사

매년 한 번 저승에서 고향으로 돌아오는 조상의 영혼을 대접하는 풍속.

　일본의 추석인 오본의 정식 명칭은 우라본에(盂蘭盆会)라는 불교 행사다. 그밖에도 정령회라고도 불리며 조상의 영혼을 집으로 맞이해서 공양하는 행사인데, '오본과 오쇼가쓰(추석과 설날)'•라는 말이 있을 정도로 일본인에게는 중요한 대목이 되는 풍속이다.

　원래는 음력 7월에 행한 행사였는데 현재는 양력 8월에 지내는 것이 일반적이다. 기업도 휴가인 곳이 많고, 오본의 시작과 끝에는 TV나 신문을 통해 고향으로 돌아가는 차와 사람으로 도로와 교통기관이 크게 혼잡해지는 귀성 러쉬 뉴스를 듣게된다. 오본에는 살아 있는 인간도 죽은 사람의 영혼도 모두 대이동을 한다.

• 　한국의 추석과 설날처럼 좋은 일이 한꺼번에 생기는 날을 뜻하는 말로 사용한다.

일본의 풍습

오본의 기원은 석가모니의 십대 제자 중 하나인 목건련이라는 수도승이 아귀도에서 거꾸로 매달려 고통받는 어머니를 구하기 위해서 석가모니의 가르침에 따라 7월 15일에 공양한 것에서 시작되었다고 한다. 우라본에이라는 말은 '거꾸로 매달리다'라는 뜻을 가진 인도 산스크리트어 '우라반나'의 한자 음에서 유래했다. 저승에서 고통받는 망자를 공양으로 구한다는 불교의 가르침과 예로부터 일본에서 전해온 조상의 영혼을 모시는 풍속이 합쳐져 오본이 지금의 형태로 확산되었다.

오본이 시작되는 13일에는 불단 앞에 임시 제단인 본다나盆棚를 만들고, 맞이하는 불 무카에비迎え火를 피워 조상의 영혼을 맞이한다. 오본이 끝날 때 보내는 불 오쿠리비送り火를 피워 조상의 영혼을 배웅한다.

> 고인이 된 지 49일이 지나서 처음 맞이하는 오본을 니이본'•이라고 한다. 망자가 되어 처음 집으로 돌아오기 때문에 니이본 법요로 정성스럽게 공양한다. 오본 제등은 무늬가 없는 하얀 것으로 장식한다.

- 오본은 양력으로 세는 니이본과 음력으로 세는 규본旧盆이 있다.

○ 조상의 영혼을 맞이하여 대접하기 위한 임시 제단 '본다나'

13일 아침에 조상의 영혼을 맞이하여 대접하기 위한 임시 제단 본다나를 불단 앞이나 툇마루에 설치한다. 정령다나精霊棚라고도 불린다.

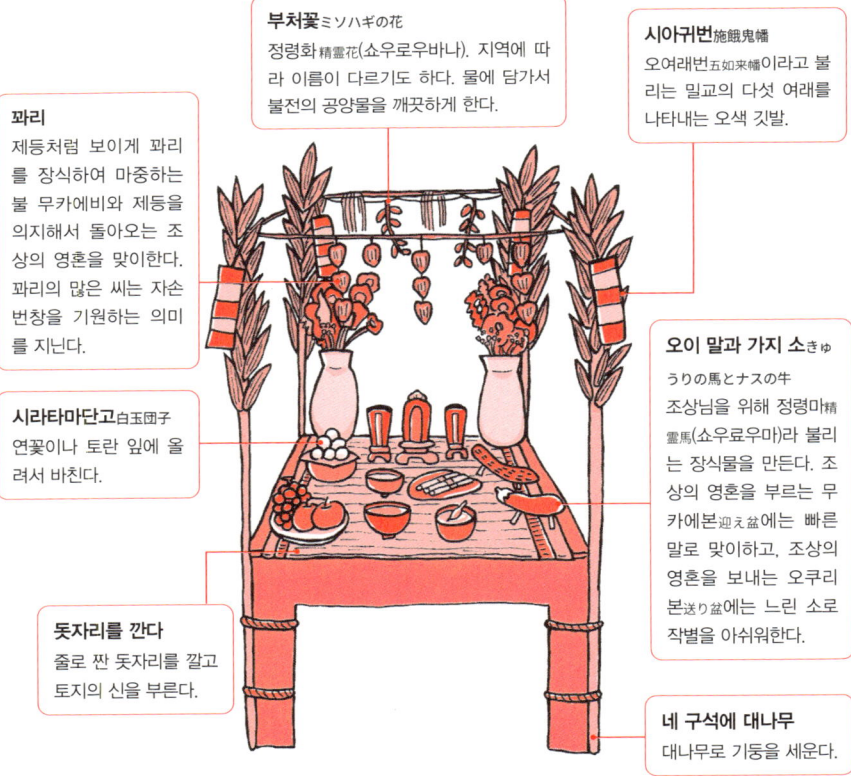

부처꽃ミソハギの花
정령화精霊花(쇼우로우바나). 지역에 따라 이름이 다르기도 하다. 물에 담가서 불전의 공양물을 깨끗하게 한다.

시아귀번施餓鬼幡
오여래번五如来幡이라고 불리는 밀교의 다섯 여래를 나타내는 오색 깃발.

꽈리
제등처럼 보이게 꽈리를 장식하여 마중하는 불 무카에비와 제등을 의지해서 돌아오는 조상의 영혼을 맞이한다. 꽈리의 많은 씨는 자손 번창을 기원하는 의미를 지닌다.

시라타마단고白玉団子
연꽃이나 토란 잎에 올려서 바친다.

오이 말과 가지 소キュ
うりの馬とナスの牛
조상님을 위해 정령마精霊馬(쇼우료우마)라 불리는 장식물을 만든다. 조상의 영혼을 부르는 무카에본迎え盆에는 빠른 말로 맞이하고, 조상의 영혼을 보내는 오쿠리본送り盆에는 느린 소로 작별을 아쉬워한다.

돗자리를 깐다
줄로 짠 돗자리를 깔고 토지의 신을 부른다.

네 구석에 대나무
대나무로 기둥을 세운다.

일본의 풍습

오본의 공양물 오공五供의 풍속

향, 등촉: 불단의 빛과 어둠의 번뇌를 버리고 밝은 깨달음에 이르기를 기린다.

꽃: 종파에 따라 고인이 좋아하는 꽃이나 계절 꽃을 사용한다.

물: 부처님에게 물과 오차를 바친다. 오차의 경우에는 일번차를 올린다.

음식: 불전에 바치는 밥으로 붓판仏飯이라고 한다.

※ 본다나나 오공은 종파나 지역에 따라 다를 수 있다.

운기 UP!

- 조상으로부터 가호를 받고 운기 상승!
- 감사의 마음으로 운기 UP!
- 꽈리로 아이라는 보물을 얻는다!

○ 조상의 영혼의 길잡이 '무카에비'와 '오쿠리비'

무카에비는 조상의 영혼을 영접하기 위해 길을 헤매지 않도록 불을 지피는 첫 환대다. 오본 마지막 날에는 교토의 산에 큰불 오쿠리비가 지펴지는 등 조상을 성대하게 환송하는 행사도 한다. 무카에비나 오쿠리비가 불꽃놀이 대회의 시작이라고는 설도 있다.

무카에비(맞이하는 불)

13일 저녁에 집 정원이나 문 앞에서 겨릅대를 질흙으로 빚어 구워서 만든 질그릇 위에 '우물 정' 자로 쌓아서 불에 태운다. 타고 있는 겨릅대를 넘어가면 액병을 없앤다고 한다. 아파트 등 공동주택에서 불을 지피는 일이 어려울 경우에는 오본 제등으로 대신한다.

겨릅대
마의 껍질을 벗기고 남은 속대를 말한다. 마는 예로부터 청정한 식물로 여겨져 나쁜 것을 정화한다고 전해진다. 오본 시기에는 마트나 꽃집에서 살 수 있다.

질그릇
질흙으로 구워 만든 평편하고 작은 그릇. 무카에비, 오쿠리비 행사에서는 이 그릇에 겨릅대를 올려서 불을 지핀다. 불교 용품점이나 마트에서 구매한다.

오쿠리비(보내는 불)

오본 마지막 날인 15일 저녁이나 16일 이른 아침에 무카에비를 지핀 같은 장소에서 오쿠리비를 지핀다. 조상의 영혼이 저승으로 무사하게 돌아갈 수 있도록 가는 길을 오쿠리비의 불꽃으로 밝혀준다. 8월 16일 밤에 교토에서 '大' 자를 불꽃으로 그리는 다이몬지야키大文字焼き라고 하는 '교토 고잔오쿠리비京都五山送り火' 행사를 진행하는데 이는 너무나 유명한 행사다. 여름 교토의 풍물시다.

> 히가시야마 뇨이가타케 산의 다이몬지大文字, 마쓰가사키 서산과 동산의 묘호우妙法, 니시가모후네아먀 산의 후나가타船形, 오오기타야마 산의 히다리 다이몬지左大文字, 사가 만다라야마 산의 도리이가타鳥居型가 순서대로 불이 켜진다.

다이몬지야키도 조상의 영혼을 보내는 성대한 오쿠리비다.

> 오본에는 7월 양력의 니이본과 8월 음력의 규본이 있다. 전국적으로 주류가 된 오본은 8월의 규본이지만 도쿄와 일부 지역에서는 니이본으로 명절을 센다. 오본의 시기가 2개인 이유는 메이지 시대에 음력에서 양력으로 역법을 고쳤기 때문이다. 니이본에 명절을 세는 구체적인 지역은 다마지구多摩地区 일부를 제외한 도쿄와 홋카이도의 하코다테函館, 이시가와현의 가나자와金沢 구시가지다.

○ 조상의 영혼을 위로하는 전통춤 '본오도리'

여름 풍물시 중 하나인 본오도리盆踊り. 원래 오본에 돌아온 조상의 영혼을 위로하고, 다시 돌려보내기 위한 춤이었다. 열을 만들어 추는 행렬 형식과 둥근 원을 만들어 추는 원 형식이 있다.

염불춤에서 시작

본오도리는 원래 망자를 맞이하고 보내는 환대와 환송 의식이다. 헤이안 시대에 구야쇼닌空也上人 대사에 의해 시작되어 가마쿠라 시대鎌倉時代(1185~1333년)에 잇펜쇼닌一遍上人(1239~1289년) 승려가 전국적으로 확산시킨 염불춤이 기원이라고 한다. 또한 오도리(춤)로 액운을 떨쳐낸다는 의미가 있었다고도 한다.

목건련이 아귀도에서 괴로워하는 어머니와 망자를 구했을 때 지옥의 문도 열려서, 환희에 찬 수많은 죽은 영혼들의 모습이 많은 사람이 모여서 춤을 추는 본오도리의 원형이 되었다는 설도 있다.

일본 3대 본오도리
- 니시모나이본오도리 西馬音内の盆踊り (아키타)
- 군조오도리 郡上おどり (기후)
- 아와오도리 阿波おどり (도쿠시마)

조상의 영혼을 보내는 쇼료나가시 精霊流し

오본 마지막 날 본다나에 장식한 공양물을 작은 배에 태워 강이나 바다에서 흘려보내 조상의 영혼을 보내는 행사. 토로나가시 灯籠流し, 오쿠리본 送り盆이라고도 부른다.

운기 UP!
- 조상님을 대접해서 운기 상승!
- 본오도리로 조상님과 함께 흥을 돋군다!

2장 | 운기가 상승하는 여름의 풍속

Column 03

이것도 풍속?
어머니의 날·아버지의 날·경로의 날

우리 생활 속에서 이미 연중행사가 된 어머니의 날과 아버지의 날, 경로의 날. 그 기원과 풍속에 대해 알아보자.

어머니의 날의 기원과 풍속

1908년 미국에서 안나 자비스라는 여성이 돌아가신 어머니의 기일에 하얀 카네이션을 바친 것에서 시작되었고, 1914년에 공휴일이 되었다. 일본에서는 1931년에 당시 황후의 생일인 3월 6일이 어머니의 날이 되었고, 1937년 모리나가 제과에서 '모리나가 어머니의 날 대회'를 개최하며 전국으로 퍼졌다. 1949년부터 미국과 같은 5월의 둘째 일요일로 정해졌고 살아 계신 어머니에게는 붉은 카네이션을, 돌아가신 어머니에게는 하얀 카네이션을 드린다.

아버지의 날의 기원과 풍속

아버지의 날도 어머니의 날처럼 미국이 발생지다. 소노라 스마트 도드라는 여성이 1909년에 교회 목사에게 아버지에게 감사하는 날도 만들어 달라고 탄원한 것이 계기라고 한다. 이후 1916년에 대통령 연설에서 아버지의 날이 생겨났고, 1973년에 정식으로 6월 셋째 일요일이 아버지의 날로 정해졌다. 일본에는 1950년경에 전해졌고, 1980년대에 들어서면서 일반화되었다. 살아 계신 아버지에게는 붉은 장미를, 돌아가신 아버지에게는 하얀 장미를 드린다. 또한 최근에는 일본 파더스 데이 위원회가 제창하는 노란색 장미도 정착했다.

경로의 날의 기원과 풍속

원래 쇼도쿠 태자聖德太子가 의지할 곳 없는 노인과 병든 사람을 위해 비전원悲田院을 9월 15일에 설립한 것이 기원이라고 한다. 비전이란 '자비慈悲의 전' 즉, '어려운 이를 사랑하고 가엾게 여기는 마음이 자라는 곳'이라는 의미의 불교 용어다. 1966년에 국민 공휴일에 관한 법률에서 공휴일로 제정되었다. 2002년까지는 9월 15일이 경로의 날이었는데, 2003년에 공휴일을 월요일로 옮긴 해피 먼데이 제도가 실시되면서 9월 셋째 월요일이 되었다.

3장
운기가 상승하는 가을의 풍속

가을에는 중양의 셋쿠나 오쓰키미, 에비스코우, 도리노이치 등 운세를 높여주는 풍속이 가득하다. 조상에게 감사하는 가을의 오히간이나 아이들의 성장을 축하하는 통과 의례인 시치고산도 중요한 풍속이다.

가을의 풍속 달력

무더위가 한풀 꺾이고 지내기 쉬운 계절 가을. 신이 사는 산을 곱게 물들인 단풍의 아름다움과 풍요로운 열매의 수확, 아이들의 성장을 축하하는 의식 등 인간이 신들에게 감사하기 위한 풍속이 많은 계절이기도 하다. 아름다운 계절에 신들에게 감사의 마음을 표현하여 운세를 높여보자.

※24절기의 날짜, 기간은 해에 따라 다르다. 여기서는 대략적인 기준을 적는다.

9월 나가쓰키

요나가쓰키夜長月의 약자가 유래라고 하는 나가쓰키. 그밖에도 이네가리즈키稲刈月 또는 호나가쓰키穂長月가 변한 것이라거나 긴 장마가 계속된다는 뜻이라는 등 여러 가지 설이 있다. 계절은 중추仲秋.

날짜	풍속 · 고셋쿠 · 잡절	24절기
1		
2		
3		
4		
5		
6		
7		
8		백로는 이즈음
9	중양의 셋쿠 ➡ p.126	
10		
11		
12		
13		
14		
15	십오야 ➡ p.130	
16		
17		
18		
19		
20	가을의 오히간 ➡ p.134	
21	(경로의 날)	
22	(추분)	
23		추분은 이즈음
24		
25		
26		
27		
28		
29		
30		
31		

백로
밤공기가 차가워지고, 화초에 아침 이슬이 하얗게 내려앉는 시기라는 의미. 하늘은 높고 가을 분위기가 깊어지고, 제비가 남쪽에서 돌아오는 때다.

추분
밤낮의 길이가 바뀌고 이날을 경계로 해가 짧아지면서 긴 가을밤으로 향한다. 추분을 전후로 3일 동안을 가을의 오히간이라고 한다.

10월 간나즈키

각 지역의 신이 모두 이즈모로 향하기 때문에 신이 부재한다는 음력 10월을 간나즈키神無月라고 한다. 반대로 신이 모이는 이즈모는 가미아리즈키かみありづき라고 불린다. 계절은 만추晩秋.

날짜	풍속 · 고셋쿠 · 잡절	24절기
1		
2		
3		
4		
5		
6		
7		
8		한로는 이즈음
9		
10		
11		
12		
13		
14		
15		
16		
17		
18		
19		
20	에비스코우 ➡ p.138	
21		
22		
23		상강은 이즈음
24		
25		
26		
27		
28		
29		
30		
31		

한로
아침저녁으로 서늘한 날이 많아지고, 초목에 차가운 이슬이 내리는 시기라는 의미. 긴 가을비가 끝나고, 본격적인 가을이 시작된다.

상강
이른 아침에는 이슬이 변해서 서리가 내리기 시작하는 시기라는 의미. 가을이 한층 깊어지고, 산간 지방에는 단풍이 절정을 이루는 때다.

11월 시모쓰키

겨울이 시작하는 달로 서리가 내리는 달을 뜻하는 시모쓰키霜月. 농작업이 끝난 마을에서는 제례로 가구라神楽를 봉납한다고 해서 가구라즈키神楽月라고도 한다. 봄처럼 따뜻한 날도 있지만 계절은 초겨울이다.

날짜	풍속 · 고셋쿠 · 잡절	24절기
1		
2	도리노이치·이치노도리 ➡ p.142 ※도리노이치는 12일마다 돌아온다.	
3	(문화의 날)	
4		
5		
6		
7		
8		입동은 이즈음
9		
10		
11		**입동** 이날부터 입춘 전날까지 달력상에서는 겨울이 되고, 찬 바람이 분다. 해도 짧아지고 단풍도 지기 시작하면서 나무가 앙상해진다.
12		
13		
14		
15	시치고산 ➡ p.146	
16		
17		
18		
19		
20		
21		
22		
23	(근로감사의 날)	소설은 이즈음
24		
25		
26		**소설** 북풍이 불고 산에서 첫눈이 내리기 시작하는 시기. 북쪽 지역에서 여전히 눈 소식이 들리기는 하지만 아직 많지 않아서 소설이라고 한다.
27		
28		
29		
30		

숫자 9가 겹쳐서 경사스러운 날

중양의 셋쿠

중양절

국화를 구경하며 국화주를 마시고, 국화의 이슬과 향기로 주술을 행한다. 불로장생에도 효과가 있다.

예로부터 중국에서는 홀수를 기운이 좋은 양陽의 숫자라고 여겼다. 그중에서 가장 큰 숫자인 '9'가 겹치는 9월 9일은 중구重九, 중양重陽이라고 하며 축하했다.

중양의 셋쿠는 기쿠노 셋쿠(국화의 절구)라고도 불린다. 중국에서는 중양의 셋쿠에는 높은 장소에 올라가 술에 국화 꽃잎을 뿌려 국화 향이 밴 국화주를 마시고 장수를 기원하면서 동시에 나쁜 기운을 없앴다고 한다. 음력 9월 9일은 현재 10월 중순에 해당하고, 국화가 아름답게 피는 시기다. 중국에서 국화는 '선인이 사는 장소에서 피는 영약'이라고 전해지기도 했다.

중양의 셋쿠는 국화에 관한 이야기와 함께 나라 시대 일본에 전해졌고, 헤이안 시대 초기에는 궁중 행사로 정착했다. 귀족들은 이

날에 국화를 보는 연회를 열었고, 국화주를 마시면서 장수와 무병무사를 기원했다.

에도 시대가 되자 이 풍습은 무가와 서민 사이에서도 확산되면서 고셋쿠 중 하나로 침투하기 시작했다. 이 시기가 되면 국화주와 함께 가을 수확제의 의미를 담아 수확한 밤(쿠리)과 쌀을 함께 넣어 지은 밤밥(쿠리 고한)을 먹는 습관도 있었다고 한다. 그래서 중양의 셋쿠를 쿠리노 셋쿠라고 부르는 지역도 있다.

현재는 중양의 시기에 오군치お九日라 불리는 가을 수확제나 국화 인형 전시회나 국화 품평회가 열리는 지역도 있다. 국화꽃을 아끼면서 행운을 기원하는 풍류가 넘치는 행사다.

> 오군치는 오군치おくんち, 군치くんち로도 불리는 규수 북부에서 열리는 가을 제사로 후쿠오카현의 하카다博多오군치, 사가현의 가라쓰唐津군치, 나가사키현의 나가사키長崎군치는 일본 3대 군치로 꼽힌다. 군치의 어원은 중양의 절구와 깊은 관계가 있는데, 원래 음력 9월 9일 중양의 셋쿠에 개최되었기 때문이라고 한다.

○ 고셋쿠 중 하나로 별칭은 기쿠노 셋쿠

중양의 셋쿠는 양수陽数 중에서 가장 큰 숫자인 9가 2개 나란한 최고로 경사스러운 날이라고 여겨진다. 음력 9월 9일은 양력으로는 10월에 해당하고 국화꽃이 한창인 시기기도 하다.

고셋쿠 五絶句

1월 7일	인일人日의 셋쿠	별칭 나나쿠사노 셋쿠. 일곱 가지 나물죽을 먹고 1년의 풍작과 무병 무사를 기원한다.
3월 3일	상사上巳의 셋쿠	별칭 모모노 셋쿠로 히나마쓰리라고도 부른다. 여자아이의 성장을 기원한다.
5월 5일	단오端午의 셋쿠	별칭 쇼우부노 셋쿠. 남자아이의 성장을 기원한다. 어린이 날로 공휴일이다.
7월 7일	칠석七夕의 셋쿠	별칭 사사노 셋쿠. 소원을 적은 단자쿠를 사사(조릿대)에 장식하는 다나바타 행사를 한다.
9월 9일	중양重陽의 셋쿠	별칭 기쿠노 셋쿠. 궁중이나 사원에서는 국화를 감상하는 행사가 열린다.

여러 가지 국화 행사

나라 시대에 중국에서 도래한 국화는 천황가의 문양으로 사용되는 등 고귀한 상징이었다. 중양의 셋쿠에는 국화와 관련된 여러 가지 행사가 열리는 풍속이 있다.

국화주

잔에 식용 국화 꽃잎을 띄운 풍류를 머금은 술.
부정한 기운을 퇴치하는 의미도 지닌다.

기쿠노 기세와타 菊の被綿

중양의 전날 밤에 국화꽃 꽃봉오리에 면을 씌워서 국화의 이슬과 향을 배게 한 후 이튿날 아침 그 솜으로 몸을 닦으면 노화를 방지하고 장수한다고 믿었다.

운기 UP!

- 국화주를 마시고 부정한 기운을 퇴치한다!
- 불로장생을 불러온다!
- 밤밥으로 건강 UP!

최강 파워의 달!
오쓰키미
십오야

명월을 구경하며 달빛의 마력을 받는다. 불가사의한 힘을 받자!

만월을 보면서 가을 수확에 감사하는 달맞이 오쓰키미お月見는 별칭 십오야十五夜라고도 한다. 지금은 9월이지만 음력으로 8월 15일에 열리는 행사였다. 현재 달력에서는 8월이라고 하면 한여름이다. 하지만 음력에서는 7월부터 9월까지 3개월 동안이 가을이기 때문에, 그 가운데에 해당하는 8월 15일을 중추라고 부르고 중추의 명월이라고 한다.

십오야의 전날 밤 달은 마쓰요이待宵 또는 고모치즈키小望月라고 하며, 달구경을 하는 풍습이 있다. 이것은 15일이 악천후여서 달을 보지 못하게 될 경우를 생각해서 만든 날로, 전날 뜨는 달을 봐두는 것에도 의미가 있다고 한다.

달맞이의 발상지는 중국이다. 청나라 시대에는 설날과 단오에

버금가는 경사로 널리 행해졌다. 이것이 나라 시대부터 헤이안 시대에 일본에도 도입되면서 귀족들이 달밤에 와카를 노래하는 달맞이 연회가 된 것이다. 에도 시대가 되면서 서민들 사이에도 확산되어 풍작을 기원하는 첫 수확제와 연결된 행사로 발전했다.

공양물은 지역에 따라 다양한데 둥근 단고는 풍작의 상징, 참억새는 벼 이삭을 대신해서 달의 신이 깃든 신성한 것으로 여겨졌다. 참억새의 날카로운 단면은 귀신을 쫓는다는 의미가 있다고 한다.

십오야를 포함해 십오야 한 달 후인 십삼야十三夜, 두 달 후인 십일야十日夜까지 세 번, 만월을 보면 운기가 좋아진다고 한다. 밤하늘에 떠 있는 하얀 달빛을 받으면 운기의 상승도 기대할 수 있다.

> 음력 9월 13일 십오야는 8월 15일 이후(後)라는 의미로 노치노 쓰키後の月로 불리고, 만월을 보는 달구경 풍습이 있다. 십오야는 중국에서 전래되었지만 십삼야는 일본만의 풍습이다. 또한 음력 10월의 이노히亥の日에도 달을 보는 풍습이 있고, 십일야라고 부른다. 이 3개의 달맞이 오쓰키미는 산쓰키미三月見*라 불리며 세 날 모두 아름다운 달을 보면 좋은 해가 된다고 한다.

• 산은 숫자 3三, 쓰키는 달月, 미는 본다見는 의미다.

○ 오쓰키미에 제물을 바치는 풍속

아직 더위가 남아 있는 9월 밤하늘에 떠 있는 명월을 구경하는 풍류를 즐겨보자. 달님에게 제물을 바치는 공양물에도 관례가 있다.

쓰키미단고月見団子
십오야와 관련해서 15개, 또는 달의 수인 12개의 단고를 산포우三方•에 쌓는 것이 정석이다.

토란·가을 수확물
하나의 알뿌리에서 새끼 토란, 손주 토란이 늘어나는 토란은 자손의 번영을 상징하는 엔기모노다. 토란명월이라고 불리는 이유다.

가을 나나쿠사
秋の七草

오미키お神酒

'쓰키미단고를 도둑맞으면 풍작이 된다'라고 해서 아이들에게 공양물을 훔치게 하는 오쓰키미 도둑 풍속은 일본의 할로윈이다.

• 산포우三方는 신령에게 공물을 바칠 때 사용하는 굽이 달린 나무 쟁반이다.

일본의 풍습

가을 나나쿠사

오쓰키미에서는 이삭을 대신해 참억새를 공양물로 바친다. 달의 신이 참억새에 내려온다고 생각한 것이다. 다른 가을의 나나쿠사를 장식해도 된다. 가을의 나나쿠사는 관상용으로 먹지 못한다.

싸리 참억새 칡

여랑화 패랭이꽃 등골나물 도라지

운기 UP!
- 달의 파워를 받자!
- 세 가지 달맞이 산쓰키미의 완성!

오히간은 두 번 찾아온다
가을의 오히간
추분 전후 7일

추분을 중일로 하는 이승과 저승이 다시 가까워지는 전후 3일 총 7일간.

봄의 오히간(p.54)과 마찬가지로 불단을 깨끗하게 청소하고 성묘로 조상에게 공양하는 기간이다. **히간이 시작되는 첫날을 히간이리彼岸入り, 마지막 날을 히간아케彼岸開け라고 한다.** 춘분을 경계로 낮이 길어지고 밤이 짧아졌지만 이번에는 반대로 추분을 경계로 낮이 점점 짧아지고 밤이 길어진다. 옛 선인들은 태양이 정동쪽에서 오르고, 정서쪽으로 지는 밤낮의 길이가 역전하는 이날에 극락정토가 있는 피안(저세상)과 차안(이 세상)이 다시 가까워지면서 교차할 수 있다고 생각한 것이다.

오히간의 중일인 춘분과 추분은 계절의 변화를 나타내는 24절기로, 중국에서 일본으로 전해졌다. 달의 차고 기욺을 기준으로 한 태음태양력(음력)에서는 실제로 계절과 달력 사이에 차이가 생겨

일본의 풍습

서 차이를 보완하기 위해서 생각해낸 것이다. 또한 중국의 기후를 기준으로 한 24절기라서 일본의 기후와 계절을 충분히 파악하지 못했기 때문에 일본의 독자적인 잡절이라는 역일이 일본 농사에 맞는 기준이 되도록 섬세하게 만들어졌다.

잡절은 일본의 독특한 계절의 변화를 더 강하게 느끼게 한다. 히간 외에도 세쓰분(p.194)이나 도요(p.106), 팔십팔야(p.70) 등 연중행사를 통해 여전히 사람들의 생활 속에 녹아들어 있다. 또한 금기시되는 풍속도 남아 있는데 예를 들어, '도요의 날에는 흙을 만지거나 씨를 뿌리지 않는다' 등이 있다.

가을의 오히간 즈음에 피는 아름다운 꽃으로 너무 유명한 히간바나(석산). 그 이름의 유래는 오히간 즈음에 피기 때문이다. 만주사화라고도 불리며 범어로 '천상의 꽃'이라는 의미를 지니고 있다. 히간바나는 묘지에 심거나 가지고 집에 가면 화재가 난다고 해서 옛날부터 불길한 꽃으로 여겨지는데 그 이유는 히간바나가 가진 독 때문이다.

○ 일본에서 태어난 독자적인 역일 '잡절'

잡절이란 중국에서 전해진 태음태양력(음력)에 계절의 변화를 더욱 정확하게 파악하기 위해서 만든 일본 독자적인 역력이다. 농작업의 기준으로 여겨졌다.

※ 날짜는 양력 기준

잡절	양력	내용
세쓰분	2월 3일경	본래 입춘·입하·입추·입동의 전날에 계절의 분기점을 말한다. 현재는 입춘 전날이다. 콩을 뿌리는 풍습이 있다.
히간	—	춘분과 추분을 중일로 하며 전후 3일간 총 1주일. 조상을 공양한다.
사일社日	—	춘분과 추분에 가장 가까운 무일戊日. 토지신에게 제사를 지낸다.
팔십팔야	5월 2일경	춘분에서 달력으로 88일째. 볍씨를 뿌리는 기준이 되는 날이다.
입매入梅	6월 11일경	입춘에서 127일째 되는 날. 장마가 시작되는 기준이 되는 날이다.
반하생半夏生	7월 2일경	하지부터 11일째 되는 날. 모내기를 끝내는 기준이 되는 날이다.
도요	—	입춘, 입하, 입추, 입동 전 18일간. 여름 도요를 가리키는 게 일반적이다.
이백십일	9월 1일경	입춘부터 210일째 되는 날. 태풍의 재난이 생기는 날이라 한다.
이백이십일	9월 11일경	입춘부터 220일째 되는 날. 태풍의 재난이 생기는 날이라고 한다.

1년을 72등분 한 칠십이후

고대 중국에서는 24절기를 구체화해서 더욱 섬세한 달력인 칠십이후도 만들었다. 동식물이나 기후 변화를 알리는 단문으로 되어 '섬휘파람새가 울기 시작 黃鶯睍睆(황앵현환)', '벚꽃이 피기 시작 櫻始開(앵시개)' 등의 명칭이 있다.

운기 UP!

- 조상님에게 공양을 올려 운기를 받자!
- 오하기를 먹어서 나쁜 기운을 없애자!

'남은 것'에도 복이 있다?

에비스코우

장사의 신 에비스에게 공양

루스가미인 에비스를 성대하게 위로하여 사업 번창과 풍어를 기원한다!

에비스에게 사업 번창을 기원하면서 주로 장삿집에서 여는 행사가 에비스코우恵比寿講다. 행사 날은 지역에 따라 다른데 간토에서는 10월 20일과 1월 20일이 대부분이고, 하쓰카에비스二十日えびす라고도 부른다.

에비스는 칠복신 중 하나로 오른손에 낚싯대를 들고 왼팔에는 커다란 도미를 안고 있다. 이 모습에서 적은 노력으로 큰 이익을 얻는다는 의미인 '에비[새우]로 타이[도미]를 낚는다'라는 말이 생긴 것처럼 농촌에서는 어곡 풍요, 어촌에서는 풍어의 신으로 받들었다. 쓰는 법도 같은 발음의 다른 한자인 '恵比須', '戎', '夷', '蝦' 등 다양한 한자로 표현한다. 간사이에서는 일반적으로 戎를 쓴다.

에비스는 사람들의 생활을 풍요롭게 하는 것 말고도 다른 역할이 있다. 음력 10월에는 간나즈키로 전국의 신이 이즈모에 모이는 달이라고 한다. 그중에서 이즈모로 향하지 않고 남아 있는 신이 에비스다. 즉, 에비스가 다른 신이 부재 중인 자리를 지켜주는 것이다. 이러한 신을 루스가미留守神라고 부른다. 에비스코우는 혼자 남은 외로운 에비스를 위로하기 위해서 시작된 것이라는 설도 있다.

많은 공덕을 널리 가져다주는 에비스는 원래 우리와 친숙한 신이라고 한다. 성심성의껏 참배하면 거기에 정성스럽게 보답해준다. 복스럽게 웃는 얼굴만 봐도 그러한 기대를 하게 된다.

간토와 간사이의 에비스코우에서는 행사를 개최하는 날도 명칭도 다르다. 간토에서는 10월 20일에 열리는 경우가 많아서 하쓰카에비스로 부르는데 반해, 간사이에서는 대체로 1월 10일에 열리기 때문에 도오카에비스十日戎라고 부른다. 모두 사업의 번창을 기원하는 행사다. 간토에서는 친척이나 지인을, 간사이에서는 함께 장사하는 상인 동료들을 불러서 연회를 열어 축하한다.

- 에비스의 다양한 한자 표기에 대한 유래는 불분명하다. 칠복신 중 유일하게 일본 고유의 신(가미)이라고 하지만 대부분의 한자가 이민족을 뜻하는 한자로, 외래에서 온 신으로 여겨지기도 한 것을 알 수 있다.

○ 신의 부재를 지켜주는 '루스가미'

전국의 신들이 이즈모타이샤出雲大社로 향해서 신이 없는 간나즈키(이즈모에만 신이 있는 가미아리즈키神在月)에 홀로 남아서 자리를 지켜주는 신이 에비스다. 사람들의 생활을 풍요롭게 하는 신이다. 토지의 제철 음식을 공양물로 바친다.

에비스의 다양한 한자 표기

장사하는 집에서는 사업 번창의 신, 농촌에서는 풍요의 신, 어촌에서는 풍어의 신인 에비스. 한자로 표현하는 방법이 많은 것도 많은 사람에게 사랑받는다는 증거다. 간사이에서는 친근함을 담아 에벳산えべっさん이라고도 부른다.

이즈모의 가미아리즈키

음력 10월에는 전국의 신들이 이즈모타이샤로 모이기 때문에 가미아리즈키로 불린다. 이즈모타이샤에 모인 신들은 음력 10월 11일부터 7일간 농업이나 혼기 등에 관해 이야기를 나누는 가무하카리神議り라는 회의를 열어 중요한 일을 결정한다.

운기 UP!

- 에비스를 위로하여 공덕을!
- 에비스와 성대하게 보내고 직업운과 금전운을 UP!

복을 끌어모으는 구마데
도리노이치

유일 행사

농기구인 갈퀴가 좋은 운을 부르는 엔기모노?
사업 번창, 가내 안전, 세련된 흥정으로 운을 사보자!

　십이지는 년만이 아닌 월일이나 시간에도 적용된다. 매년 11월 유일酉日은 도리노히酉の日라고 해서 사업의 번창을 기원하면서 각지의 와시(큰 새) 신사 등에서는 마쓰리를 연다. 이때 서는 시장이 도리노이치酉の市다. 첫날의 도리노히를 이치노도리一の酉, 두 번째 날을 니노도리二の酉, 세 번째 날을 산노도리三の酉라고 부른다. 도리노이치의 명물이라고 하면 여러 가지 장식으로 꾸민 구마데(갈퀴)다. **원래 농기구지만 그 형태와 용도에서 복을 거두어들이는 엔기모노로 여겨졌다.** 큰 것은 1m 가까이 되는 것도 있고, 매년 더 큰 것으로 사서 바꾸면 복이 더 많이 들어온다고 한다. 살 때는 싸면 쌀수록 좋다고 해서 거래가 성립하면 그것을 축하하며 세 번 연달아 치는 박수 소리가 시장 여기저기서 기세 좋게 울려 퍼진다.

일본의 풍습

또한 도리노이치 날에는 갓코메かっこめ라는 특별한 부적도 받는다. 작은 구마데에 벼 이삭이나 부적을 적은 종이가 붙어 있는데 복과 손님을 끌어모은다는 의미가 담겼고, 간자시라고 해서 비녀처럼 여성의 머리를 장식하기도 한다.

그밖에도 토란의 일종으로 여러 개 모여 덩어리진 야쓰가시라八頭나 고가네모치라는 떡을 판다. 야쓰가시라를 먹으면 높은 사람이 될 수 있다고 하고, 다산의 복을 받는다고도 한다. 이와 같이 엔기모노가 가득한 도리노이치는 운기 상승에 절호인 마쓰리다.

산노도리까지 있는 해에는 화재가 많다고 한다. 그 이유가 분명하지 않지만 그렇게 전해지는 그럴 듯한 근거는 메이레키의 대화재라고 한다. 메이레키 3년(1657년) 1월 18일에 일어난 대화재로 에도(현재 도쿄)의 마을이 이틀 동안 불에 타면서 많은 사상자를 냈다. 마침 그해에 산노도리가 있었다.

○ 도리노이치의 엔기모노 구마데

좋은 운을 부르는 사시모노指物라는 장식을 한 도리노이치의 구마데는 사업 번창과 운이 트여 복을 거두어들이는 엔기모노로 친숙하다. 그래서 엔기 구마데, 가자리(장식) 구마데라고도 불린다.

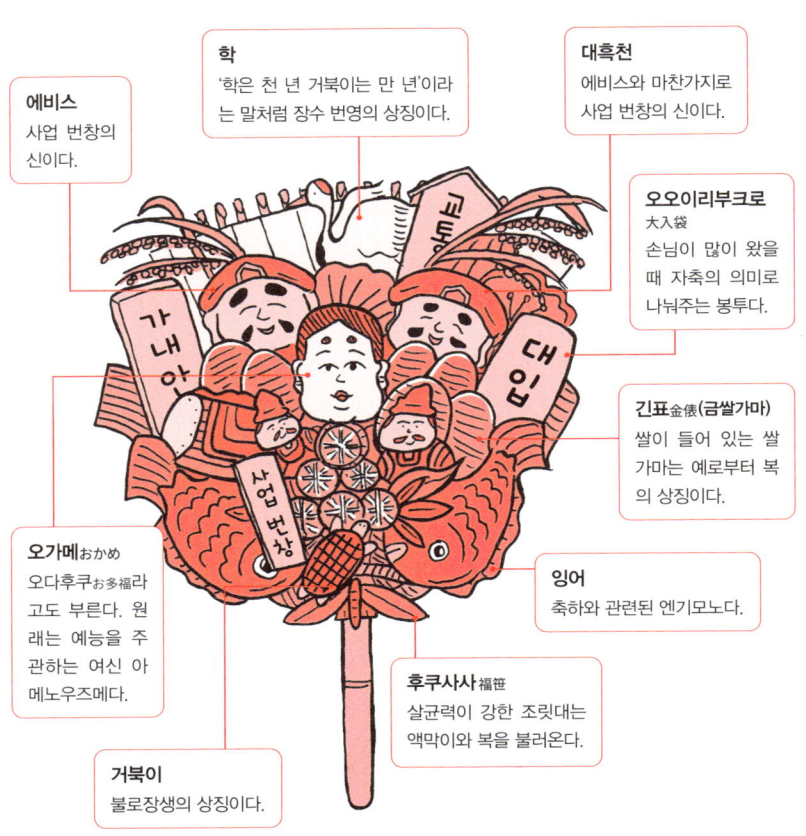

학
'학은 천 년 거북이는 만 년'이라는 말처럼 장수 번영의 상징이다.

에비스
사업 번창의 신이다.

대흑천
에비스와 마찬가지로 사업 번창의 신이다.

오오이리부쿠로 大入袋
손님이 많이 왔을 때 자축의 의미로 나눠주는 봉투다.

긴표金俵(금쌀가마)
쌀이 들어 있는 쌀가마는 예로부터 복의 상징이다.

오가메おかめ
오다후쿠ぉ多福라고도 부른다. 원래는 예능을 주관하는 여신 아메노우즈메다.

잉어
축하와 관련된 엔기모노다.

후쿠사사福笹
살균력이 강한 조릿대는 액막이와 복을 불러온다.

거북이
불로장생의 상징이다.

구마데를 장식할 때 관습

구마데를 장식할 때는 집에서 가장 안쪽의 높은 위치에서 현관을 향해 단다. 그래야 구마데가 밖에서 복과 돈을 집으로 끌어모은다고 한다.

운기 UP!

- 매년 큰 구마데로 갱신!
- 집 가장 안쪽의 높은 장소에 장식한다!

길한 숫자로 축하하는 아이들의 성장

시치고산

3세, 5세, 7세 성장 축하 행사

'신의 아이'에서 '사람의 아이'로 무사히 자란 것을 신에게 보고한다.

여자아이는 3살과 7살, 남자아이는 5살에 마을의 수호신인 우지가미氏神의 신사에서 참배하고 앞으로의 성장을 기원하는 행사가 시치고산이다. 지금은 모두 같은 날에 축하하지만 원래 3살에는 민머리에서 머리를 기르기 시작하는 의식 가미오키髪置き, 5살에는 처음으로 하카마를 입는 의식 하카마기袴着, 7살에는 오비를 맬 만큼 컸다는 의식 오비도키帯解き와 같이 제각기 다른 기념 행사를 치뤘다. 7, 5, 3이라는 구분은 홀수를 길한 수로 여기는 음양도에 따른 것이다.

이 의식이 확산된 계기는 무로마치 시대 '7살 축하'라는 풍습이라고 한다. 당시에는 아직 의학이 발달하지 않아서 유행병으로 아이들이 사망하는 일이 일상다반사였다. 그래서 7살까지는 신이 주신 생명으로 무슨 잘못을 해도 벌을 받지 않지만 신에게 달린 목숨이라 죽어도 이상하지 않은 일이라서 장례식도 필요 없다고 생각했다. 7살이 넘어서 같은 씨족을 모시는 구성원의 일원이 되어 우지가미에게 참배를 하면 비로소 사회적인 존재로 인정을 받았다.

궁중이나 조정에서만 이루어지던 행사가 일반으로 확산되고, 날짜를 11월 15일로 정한 것은 에도 시대 후기부터였다. 음력으로 이 날은 귀신이 돌아다니지 않는 28일수의 귀수일二十八宿の鬼宿日이라고 해서 결혼 외에는 만사가 순조롭다고 여겼다. 게다가 에도 막부 5대 쇼군인 도쿠가와 쓰나요시德川綱吉(1646~1709년)가 3살이 된 장남 도쿠마쓰德松의 건강을 기원하는 행사를 이날에 한 것에서 유래했다고 한다.

일본 전국으로 퍼져 지금과 같은 형태가 된 것은 메이지 시대 이후로, 정착된 것은 제2차 세계 대전이 끝난 후다.

> 길게 늘려서 만드는 사탕 치토세아메千歳飴(천세사탕)는 장수를 의미하며 좋은 기운의 색인 붉은색과 흰색으로 착색한 사탕이다. 사탕 봉지에도 길조의 상징인 학이나 거북이, 송죽매가 그려져 있고 치토세라는 천 년을 의미하는 이름도 좋다. 하레기*를 차려입은 아이들이 치토세아메 봉지를 들고 다니는 모습은 귀엽기만 하다. 이 풍습은 에도 시대에 이미 일반화되었다. 치토세아메의 굵기는 15mm 정도, 길이 1m 이내로 정해져 있다.

○ 시치고산의 유래

3살 때는 남녀 모두, 5살 때는 남자아이, 7살 때는 여자아이를 축하한다. 이것은 원래 헤이안 시대에 나이마다 다르게 치르던 행사를 하나로 합친 것이라고 한다.

- 하레기晴れ着는 결혼과 같이 경사스러운 날이나 공적인 자리에 나갈 때 입는 옷을 말한다.

3살   가미오키

헤이안 시대에는 남녀 모두 태어나서 7일째에 배냇머리를 깎고 3살까지 민머리였다. 머리카락을 기르기 시작하는 것은 3살부터로 이때 가미오키 의식을 치뤘다.

5살   하카마기

헤이안 시대에는 남녀 모두 5~7살이 되면 처음으로 하카마를 입는 하카마기 의식을 치뤘는데, 에도 시대 이후에는 남자아이의 풍습이 되었다.

7살   오비도키

여자아이에서 어린이로 성장한 것을 축하하며 유아용의 끈으로 묶는 형태에서 오비로 묶는 형태로 기모노를 입는 방식이 달라진다. 무로마치 시대에는 오비도키 의식이 되었다.

운기 UP!

- 치토세아메를 먹고 장수!
- 인생의 중요한 단락을 축하해서 운기를 상승시킨다!

Column 04

집을 짓기 전 관습
지신제와 상량식

모든 사물에 신이 깃들어 있는 일본에서는 집을 지을 때는 토지의 신에게 공사의 무사 안녕과 건물의 안전을 기원하는 의식을 행한다.

지신제

예로부터 토지는 본래 신의 소유로 인간이 신의 토지를 빌려 모내기를 하거나 집을 짓는다고 생각했다. 새 집을 짓기 전에 신의 허락을 받아 토지의 나쁜 기운을 없애고 토지에 사는 토지신을 달래기 위해 지내는 의식이 지신제다. 토지의 네 구석에 푸른 대나무를 세우고 금줄을 둘러 부정이 들지 않도록 제사 장소를 만들고 그 안에서 신주神酒, 생선, 쌀 등의 공물을 둔다. 신관이 축문을 읽고 액막이 의식을 한 후 시공주가 첫 삽질을 한다. 헤이안 시대에는 음양사가 진행했는데 메이지 시대 이후에는 신관이 맡게 되었다.

상량식

집을 준공한 후 안전을 기원하는 의식. 집의 건축 공사가 무사하게 진행되어 거의 완성되었다는 것을 토지신에게 보고하고 감사를 드린다. 기둥과 들보 등의 골조가 완성되고 지붕을 지지하는 마룻대를 올리는 일을 상량上梁이라고 하는데, 이를 축하하는 의식이라서 상량식이라고 부른다. 지역에 따라 다테마에建前나 무네아게棟上げ라고도 하는데, 액막이의 의미로 팥밥을 나눠주거나 떡 또는 과자, 오히네리•를 돌리는 곳도 있다. 집주인이 주변에 많이 베풀수록 집안이 번창한다고 믿었다. 본래는 신관이나 주지 스님을 모셔서 했지만 최근에는 간략화되어 현장 감독이나 책임자가 중심이 되어 의식을 진행하는 게 일반적이다.

- 오히네리는 신전이나 불전에 바치기 위해 쌀이나 돈을 하얀 종이에 싸서 비틀어 만든 것인데, 지금은 특별한 이벤트가 있을 때 주로 돈을 넣은 오히네리를 선물로 준다.

운기가 상승하는
겨울의 풍속

겨울 풍속은 1년을 마무리하는 연말 풍습에서 설 준비로 이어지고,
새해를 맞이한 첫 행사 등 중요한 풍속이 잇달아 이어진다.
모든 행상에 운기의 신이 깃들어 있다.

겨울의 풍속 달력

연말 대청소나 새해 준비 그리고 설 등 1년 동안의 행운을 가지고 오는 신년의 신 토시가미사마를 맞이하는 중요한 계절이다. 예로부터 이어진 풍속이 빽빽하게 이어진다. 몸과 마음을 바짝 긴장시켜서 좋은 운기가 넘치는 1년을 만들자.

※24절기의 날짜, 기간은 해에 따라 다르다. 여기서는 대략적인 기준을 적는다.

12월 시와스

시와스師走는 글자 그대로 '법사師가 경을 올리느라 동분서주東奔西走' 하는 한 해의 마지막 달이라는 말에서 유래했다. 간토에서는 정월 준비를 시작하고, 간사이에서는 농사가 끝난 것을 축하하는 것처럼 간토와 간사이의 행사가 대조적이다. 계절은 중동仲冬.

날짜	풍속·고셋쿠·잡절	24절기
1		
2		
3		
4		
5		
6		
7		대설은 이즈음
8		
9		
10		**대설**
11		산에는 눈이 쌓이고, 북쪽 지방에는 평지에도 눈이 내리는 때. 동장군이 도래하면서 동물들도 겨울잠에 들어가고 연어는 강을 거슬러 올라가는 시기다.
12		
13	스스하라이 ➡ p.158	
14		
15		
16		
17		
18		
19		
20		
21		
22	동지 ➡ p.162	동지는 이즈음
23		
24		
25		**동지**
26		1년 중 가장 밤이 길고 낮이 짧은 날. 동지는 일양래복一陽來復의 날이라고 해서 나쁜 일이 지나가고 좋은 일이 돌아온다고 한다.
27		
28	설 장식 ➡ p.166	
29		
30		
31	오미소카 ➡ p.170	

1월 무쓰키

무쓰키睦月는 설을 맞이해서 가족과 친척들이 모여 화목하게 지내는 달이라는 데에서 유래되었다고 한다. 신년 첫 달에 어울리는 이름이다. 24절기에서 소한, 대한의 시기. 계절은 만동晩冬.

날짜	풍속 · 고셋쿠 · 잡절	24절기
1	오쇼가쓰 ➡ p.174 /오세치 요리 ➡ p.178/하츠모데 ➡ p.182(설날 아침)	
2		
3		
4		
5		
6		소한은 이즈음
7	나나쿠사가유 ➡ p.78	
8		
9		**소한**
10		가장 추위가 혹독해지는 시기. 소한과 대한까지 거의 한 달 동안 가장 추운 계절인 한중寒中이라고 해서 '한중 안부 인사寒中見舞い'를 보내는 시기다.
11		
12		
13	성인식 ➡ p.190(성인의 날) ※ 두 번째 월요일로 날짜는 매년 변동.	
14		
15		
16		
17		
18		
19		
20		대한은 이즈음
21		
22		
23		**대한**
24		24절기의 마지막 절기. 추위가 심해서 엄동설한이라고도 부른다. 소한에서 대한까지 30일간을 한중이라고 하는데 대한은 그 한가운데다.
25		
26		
27		
28		
29		
30		
31		

2월 기사라기

입춘이 시작된다고 해도 여전히 혹한인 이 시기에 기모노를 겹쳐 입는다는 의미인 기사라기衣更着와 봄을 느끼기 시작할 시기라는 의미의 기사라기気更来에서 유래했다. 계절은 초춘初春.

날짜	풍속 · 고셋쿠 · 잡절	24절기
1		
2		
3	세쓰분 ➡ p.194	
4		입춘은 이즈음
5		
6		
7		**입춘**
8		24절기의 첫 절기. 달력상에서는
9		이날부터 봄이 시작된다. 입춘이
10		지나고 봄(일본어로 '하루')에 부는
11	(일본 건국기념일)	첫 (이치방) 강한 바람이라고 해서
12		하루이치방春一番이라고 한다.
13		
14		
15		
16		
17		
18		
19		우수는 이즈음
20		
21		
22		**우수**
23		눈이 비로 바뀌고 쌓였던 눈과 얼
24		음이 녹기 시작하는 시기라는 의
25		미. 초목도 싹을 틔우기 시작하고
26		농가에서는 농경을 시작하는 시기
27		의 기준이 된다.
28		
29		
30		
31		

어서오세요, 신년의 신 토시가미사마!
스스하라이

연말 대청소

집 안의 먼지를 털어내어 복을 주는 토시가미를 맞이할 준비는 실수 없이 완벽하게!

스스하라이煤払い는 새해맞이 준비를 시작하는 쇼가쓰 고토하지메正月事始め와 관련해서 하는 연말 대청소다. 연말 대청소라고 하지만 단순히 집 안팎이나 방 청소가 목적은 아니다. 원래는 신년의 신을 모시기 위한 준비로 제물상 가미다나神棚와 불단을 깨끗하게 하는 신앙과 관련된 행사였다.

쇼가쓰 고토하지메가 12월 13일부터 시작하는 이유는 귀신이 없는 날인 귀수일로 결혼 외에는 모든 일이 길하다고 여겨지기 때문이다. 에도 시대에 막부가 12월 13일을 대청소하는 날로 정하면서 설을 준비하는 연중행사 중 하나가 되었다.

과거 스스하라이에는 독특한 도구가 사용되었다. 새로 자른 조릿대나 대나무 장대 끝에 나뭇잎이나 짚을 단 도구로 스스본텐煤梵天

이라고 불렸다.

지금도 스스본텐으로 스스하라이를 하는 신사나 사원도 있다. 스스본텐은 청소가 끝난 후 바로 버리지 않고, 작은 설인 정월 대보름에 장식물을 태우는 사기초左義長(p.167)나 돈돈야키どんどん焼き라고 불리는 횃불로 태우는 지역도 있다. 또한 스스하라이 후에는 스스하라이 축하라고 해서 단고와 떡을 먹는 관습이 남아 있는 지역도 있다.

그러나 13일이 청소를 하기에 너무 이르다고 생각하는 사람도 있을 것이다. 그럴 때는 우선 가미다나와 불단을 청소하고, 나중에 다시 대청소를 하는 방법도 있다. 한 해의 끝이 가까워지면 그제야 서둘러 해치우는 집도 많을 테지만 스스하라이를 새해 복을 부르는 연말 의식으로 정해놓고 해 보는 것도 좋을 것이다.

음력 12월 13일은 귀수일로 결혼 외에 만사가 길하다고 여겨지는 날이기 때문에 신년의 신 토시가미를 맞이하기 위한 설 준비 날로 여겨졌다. 또한 마쓰무카에松迎え라고 해서 새해에 토시가미가 집으로 들어오는 이정표로 세워두는 가도마쓰門松를 만들 때 사용할 소나무와 설에 먹는 오조니お雑煮를 끓이는 데 필요한 나무를 그해의 간지에 해당되는 남성이 길하다고 정해진 방향의 산으로 채벌하러 가는 날이기도 했다. 그밖에도 떡메치기를 하거나 설 장식도 만들었다.

○ '스스하라이'에서 '대청소'로

스스하라이는 집과 집에서 모시는 가미다나와 불단을 깨끗하게 하는 새해 준비 작업이다. 스스하라이 셋쿠라고도 부르는 신성한 부정을 없애는 의식으로 신년의 신 토시가미와 조상의 영혼을 맞이하는 중요한 준비였다.

스스본텐

스스본텐에는 액을 쫓는 주술의 힘이 깃들었다고 한다. 스스하라이에 사용된 소나무는 신성하게 여겨져 작은 설인 정월 대보름에 불을 때서 제사를 지내는 히마쓰리火祭り에서 태웠다. 도호쿠 지방의 일부 지역에서는 스스오도코煤男라고 부르며 마당에 세워두고 금줄을 쳤다.

스스하라이의 변화

헤이안 시대의 액막이 궁중 행사에서 에도 막부가 12월 13일을 대청소하는 날로 정하면서 서민에게 확산되어 오늘날 대청소 형태로 모습을 바꿔 우리 일상 속에 정착했다.

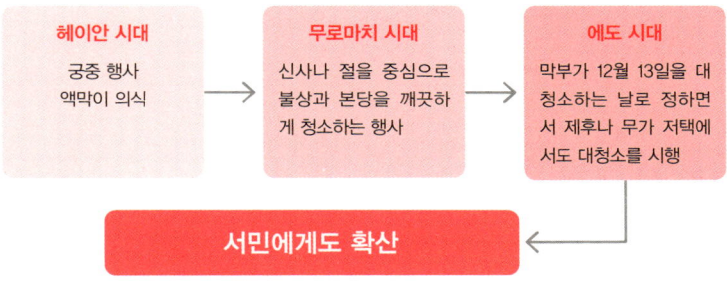

낡은 도구가 요괴가 된다!?

무로마치 시대 에마키모노繪卷物 『쓰쿠모가미에마키付喪神絵卷』에는 100년 이상 된 도구에는 영혼이 깃들어 사람을 홀리는 쓰쿠모가미가 되기 때문에 스스하라이를 할 때 낡은 도구를 버렸다고 한다.

> **운기 UP!**
> - 집을 청소해서 새해 준비!
> - 청결한 집에는 신년의 신 토시가미가 찾아온다!

- 에마키모노는 두루마리 형식으로 만든 이야기 그림이고, 『쓰쿠모가미에마키』는 오래된 물건에 영혼이 깃들어 생긴 요괴 또는 신령 쓰쿠모가미에 관한 이야기 그림이다.

태양이 다시 태어난다?

동지

밤이 가장 긴 날

유자탕에 몸을 담그거나 동지 호박 요리를 먹으면서 긴 밤 동안 서서히 운기도 부활.

　동지는 1년 중에 가장 밤이 길고 낮이 짧은 날인데, 이날을 경계로 일조 시간은 길어진다. 그래서 '태양이 부활하는 날'이라고 해서 세계 각지에서 다양한 축하 행사가 열렸다.
　고대 중국에서 역대 제왕은 태양의 궤적을 계산하는 태음태양력의 시작점으로 동지절 의식을 열어서 태양신에게 제사를 지냈다. 일본에서도 나라 시대부터 궁중에서 동지절 의식을 도입했다고 한다. 예수의 탄생일인 크리스마스도 예로부터 유럽에 전해진 동지를 축하하는 축제에서 유래되었다고 한다.
　일본의 동지 풍습 중 하나가 유자탕이다. 동지에 유자탕에 몸을 담그면 감기에 걸리지 않는다는 이야기가 에도 시대에 퍼져서, 몸에 이상이 생기기 쉬운 환절기에 몸을 깨끗하게 하면서 조심하기 위한 관습으로 전파되었다. 유자에는 혈행 촉진 작용이 있고, 냉증이나 신경통의 완화에도 효과가 좋다. 또한 계절의 경계인 단오의 셋쿠의 창포탕도 같은 이유로 널리 퍼졌다.

동지에는 'ん(ㄴ, ㅁ, ㅇ)'이 붙는 음식을 먹으면 운이 붙는다는 말이 있다. 대표적인 음식이 난긴なんきん이라고 불리는 호박이다. 여기에 연근れんこん, 은행ぎんなん, 금귤きんかん, 한천かんてん, 당근にんじん, 우동うどん까지 포함해서 동지의 일곱 가지 나나쿠사라고 한다. 또한 팥죽이나 팥단고를 먹는 풍습도 있는데, 이것은 팥의 붉은 색이 액운을 없애준다는 말에서 유래된 풍습이다.

> 동지는 일양래복의 날이기도 하다. 1년 중 가장 밤이 길고, 낮이 짧다. 즉, 태양의 힘이 약해진 후 다시 회복되기 때문에 이날을 경계로 운이 상승하여 모든 일이 좋아진다고 한다. 겨울이 끝나고 봄이 되는, 이제부터 좋은 일이 찾아온다고 하는 긍정적인 의미의 말이다.

◯ 동지의 풍습

옛날부터 동지에 하면 좋다고 전해지는 풍습이 있는데, 추운 겨울을 이겨내기 위해 하는 몸에 좋은 풍습이다.

유자탕

동짓날에 유자탕에 몸을 담그면 감기에 걸리지 않고, 건조하거나 거칠어진 피부를 매끄럽게 만드는 효과가 있다고 한다. 산뜻한 유자 향이 나는 목욕을 즐겨보자. 혈액 순환에도 효과가 좋고 목욕 후에도 몸이 따뜻하다.

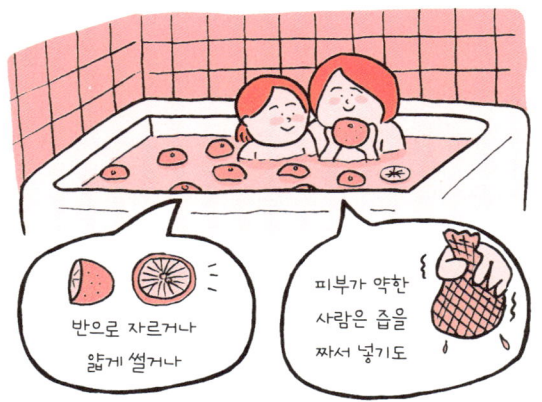

동지 음식

동지에는 난긴이라고 부르는 호박이나 연근 등 'ん(ㄴ, ㅁ, ㅇ)'이 붙은 음식을 먹으면 운을 부른다고 해서 동지의 나나쿠사를 운모리運盛り라고 부르며 상서로운 음식으로 여겼다.

호박
면역력을 높여주는 카로틴과 비타민이 풍부하다. 잘 익는 것이 단맛도 강하고, 영양가도 높다.

연근
'ん'이 2개나 붙는 엔기모노. 비타민C가 풍부해서 피로 회복, 감기 예방, 암 예방, 노화 방지에 효과가 있다.

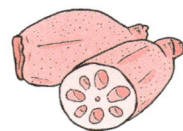

팥죽
붉은색이 액운을 없애주는 팥. 팥도 동지에 좋은 기운을 부르는 음식이다. 양질의 단백질과 식물성 섬유질, 폴리페놀 등 영양이 풍부하다.

운기 UP!

- 부활하는 태양의 힘을 받자!
- 일양래복으로 운기, 금전운 상승!

신년 신 토시가미를 맞이한다

설 장식

신년의 복을 기원하는 준비

각각 중요한 의미가 있는 경사스러운 설 장식으로 토시가미를 맞이한다.

크리스마스가 지나고 법사가 경을 올리느라 동분서주하기 시작할 즈음에 집 현관 앞이나 상점 앞, 거리의 빌딩 입구에는 **설날•을 맞이하기 위한 설 장식을 하기 시작한다.** 설 장식은 왜 하는 것일까? 예로부터 전해오는 풍습이라서, 엔기모노라서, 아니면 설날 기분이 고조되기 때문에 왠지 습관처럼 장식하고 있지는 않은가?

가도마쓰門松, 시메카자리注連飾り, 가가미모치鏡餅와 같은 설 장식에는 각각 중요한 의미가 담겼다. **원래 설날은 신년에 행운을 가져다주는 토시가미를 맞이해 모시기 위한 행사였다.** 토시가미는 곡물을 풍성하게 하는 곡물신으로 쇼가쓰사마正月様, 토시도쿠진歲

• 설은 일본어로 쇼가쓰, 오쇼가쓰라고 한다.

德神이라고도 불리는데 지역에 따라서는 오톤도상お歳徳さん, 에호사마恵方様, 토시돈トシドン, 토시지상歳爺さん 등 꽤 친숙하게 불리고 있다. 또한 토시가미를 조상의 영혼으로 생각하기도 했다.

집집마다 복을 가져다주는 고마운 토시가미가 집으로 들어올 때 이정표로 소나무로 만든 가도마쓰를, 토시가미를 맞이하는 데 어울리는 신성한 장소임을 나타내기 위해 금줄로 친 시메카자리를, 토시가미에게 바치는 공물로 둥근 모양의 떡 가가미모치를 장식했다.

이러한 설 장식은 12월 28일까지 해두는 것이 관습이다. 29일의 발음은 니쥬큐로 '이중고二重苦'와 발음과 같아서 안 좋은 의미가 되고, 31일에는 하룻밤 장식이 되어 신에 대한 성의가 부족한 예의에 어긋난 행위이기 때문이다. 28일은 좋은 운이 무한대로 계속된다고 하는 행운의 숫자 8이 붙어서 좋다고 한다.

1월 15일을 '작은 설날'이라고 하고 이날 가도마쓰와 시메카자리, 새해 처음 쓴 가키조메書初め를 태우는 사기초라는 행사를 한다. 신사의 경내나 논에서 14일 밤이나 15일 아침에 불을 지피기 시작한다. 토시가미가 이 연기를 타고 산으로 돌아간다고 전해지고, 이 불로 구운 떡을 먹으면 그해에 병에 걸리지 않는다고 믿었다. 이 행사를 돈토야키どんと焼き라고도 부른다.

○ 설 장식의 풍속

신년에 그해의 복을 가져다주는 토시가미를 맞이하기 위한 설 장식. 장식에 담긴 의미를 알고 운기 상승으로 연결하자!

가도마쓰

신을 기다리는 나무, 소나무. 가도키門木로 불리는 가도마쓰가 대표적이다. 소나무에 대나무 세 그루와 매화 줄기를 조합한 송죽매의 가도마쓰는 에도 시대 상인에 의해 널리 퍼졌다. 문 앞에 한 쌍으로 세우게 된 것도 에도 시대 이후다. 문 왼쪽에 오마쓰雄松(웅송), 오른쪽에 메마쓰雌松(자송)를 장식한다. 오마쓰에는 검은 소나무, 메마쓰에는 붉은 소나무가 사용된다.

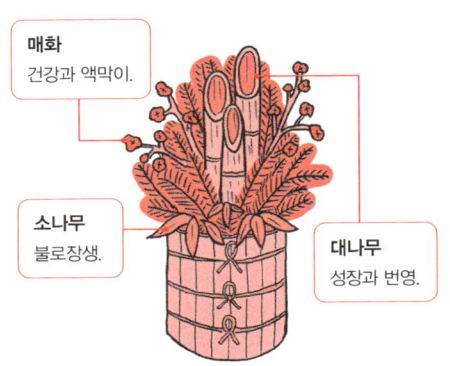

매화 건강과 액막이.
소나무 불로장생.
대나무 성장과 번영.

혹독한 겨울에도 푸릇푸릇한 송죽매는 '세한삼우'라고 불린다.

시메카자리

아마데라스오미카미天照大御神가 아마노이와토天岩戸라 불리는 동굴로 다시 돌아가지 못하도록 동굴 입구에 시메카자리를 걸쳐놓은 것이 기원이라고 한다. 옛날에는 연말에 새로운 시메카자리를 만들어 가장이 집 안에 걸어놓은 것에 엔기모노를 추가하면서 점점 화려한 시메카자리가 되었다.

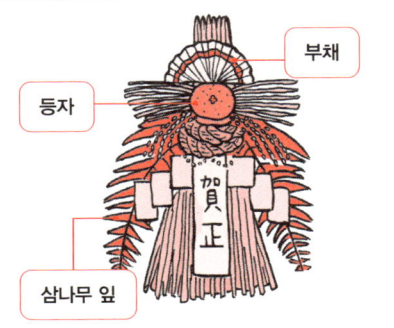

부채
등자
삼나무 잎

일본의 풍습

가가미모치

거울처럼 둥글고 납작한 모양에서 유래한 이름으로, 토시가미에게 바치는 신성한 음식으로 여겨졌다. 켜켜이 쌓여 있는 크고 작은 모양의 떡 가가미모치는 달(음)과 태양(양)을 나타내는 엔기모노라고 전해진다. 1월 11일 가가미비라키鏡開き로 떡을 쪼개어 먹는 행위를 통해 새로운 생명력을 얻는다고 한다.

교토의 가도마쓰는 뿌리가 붙어 있다?

교토에서는 어린 소나무를 종이로 감싸고 붉은색과 하얀색 끈으로 묶어 뿌리째 현관에 장식한다. 깊게 뿌리를 내리게 해 달라는 소망이 담겼다.

운기 UP!

- 토시가미를 맞이해서 운기 상승!
- 행운 숫자 8이 붙은 날에 장식한다!

뜬눈으로 밤을 세워 토시가미를 기다린다

오미소카

섣달 그믐날

새해 전날은 토시가미가 도착하기를 기다리는 1년 중 가장 중요한 날.

음력으로 가장 마지막 달은 30일에 뜨는 달이라는 의미로 미소카즈키三十日月라고 했다. 그래서 미소카晦日는 원래 '三十日'이라고 썼다. 이것이 변해서 각 달의 마지막 날을 미소카로 부르게 되었고, 12월 31일은 1년 중 가장 마지막 날이기 때문에 오미소카大晦日가 되었다. 또 다른 명칭이 있다. 한 달의 마지막 날에는 달이 보이지 않는다고 해서 '츠고모리'라고 불렀다. 달이 숨어서 보이지 않는다는 의미의 츠키고모리月隱에서 변한 것으로 1년의 마지막 날은 오츠고모리라고도 한다.

1년의 마지막 날에서 새해 설날(정월 1일 아침을 말한다)로 넘어가는 사이를 도시코시年越し라고 하고, 해를 넘기는 경계는 제야除夜라고 해서 묵은 해의 재앙을 없앤다는 의미가 있다. 음력에서는

해가 진 후부터 1일이 시작한다고 보기 때문에 제야는 새해가 되고, 토시가미를 맞이하는 일출까지 묵은해의 죄를 없애주는 제야의 종을 쳤다.

도시코시 밤에는 토시가미에게 도시다마歲魂라는 영혼을 받기 위해 하룻밤을 뜬눈으로 새우는 관습이 있었다. 새해 준비를 전부 끝내고 몸과 마음도 깨끗해진 상태에서 토시가미가 오기를 기다린다. 31일 밤에 빨리 잠드는 것은 토시가미에게 실례라고 생각했고, 백발이 되거나 주름이 늘어서 늙어버린다는 이야기도 있다. 그러한 일이 생기지 않도록 그리고 토시가미에게 새해 복을 확실히 받을 수 있도록, 적어도 제야의 종소리가 끝날 때까지는 깨어 있도록 하자.

오미소카 밤에 엔기모노를 넣어 차린 밥상 토시토리젠年取り膳을 받아 토시가미를 맞이하는 풍습이 있다. 토시토리란 토시가미에게 올리는 것과 같은 음식을 먹고 나이年(토시) 한 살을 먹는다取る(토루)는 의미다. 밥상에는 토시토리 생선이 반드시 올라가는데, 간토에서는 연어, 간사이에서는 방어를 먹었다. 니가타현과 나가노현 등에서 여전히 행해지고 있는 풍습이다.

○ 도시코시소바와 제야의 종

도시코시소바도 제야의 종도 오미소카 밤에 하는 친숙한 풍속이다. 왜 소바(메밀국수)를 먹을까? 왜 108번 종을 칠까?

도시코시소바

미소카소바, 츠고모리소바라고도 하며 바쁜 장삿집에서 밤늦게 소바를 먹던 습관에서 시작되었다고 한다. 하지만 전국적으로 확산된 것은 비교적으로 최근으로 1965년이었다. 소바가 가늘고 길어서 건강 장수, 가운 장수라고 여겨졌고 또한 금세공사가 떨어지는 금가루를 소바가루를 이용해서 모았기 때문에 '금을 모은다'라는 의미에서 엔기모노라고 여겨졌다는 설도 있다.

언제 먹을까?
사실 정해진 때는 없고 31일 중이라면 언제 먹어도 괜찮다. 하지만 도시코시라는 점에서 밤 10~11시를 넘어 연말 가요제인 홍백가합전을 보면서 저녁 식사와는 별개로 먹는 사람이 많다고 한다.

왜 먹을까?
가늘고 긴 소바에서 장수를 기원하고, 쉽게 잘리는 소바처럼 1년의 액을 잘라버리기 위해서 먹었다고 한다. 또한 가마쿠라 시대에 소바떡을 먹은 도시에 사는 상인 조닌 町人이 운기가 상승해서 운소바, 복소바라고 불렸다고도 한다.

제야의 종

12월 31일 오미소카 밤 심야 0시를 넘어 울리기 시작하는 제야의 종. 제야의 종은 108번을 치는데, 사람의 번뇌에는 108종류가 있다는 불교의 가르침에서 유래한 것이다. 사람의 마음을 괴롭히는 사악한 생각을 번뇌라고 하고, 그것과 같은 숫자의 타종으로 지난 해의 죄업을 지우고 욕망이나 집착을 끊어내서 새해를 맞이한다는 의미가 담겼다.

언제부터 시작했을까?

중국 송나라 시대에 시작되어 원래는 동지 전날 밤에 궁중에서 악귀를 없애기 위해 행하던 행사였다. 일본에서는 가마쿠라 시대 이후에 선찰禪刹에서 매일 아침저녁에 108번의 종을 치는 것에서 시작했다고 한다.

운기 UP!

- 소바를 먹고 운기 상승!
- 제야의 종으로 과업 소멸!

Winter Tradition
1월 1일 ~3일

토시가미가 온다!

오쇼가쓰

설날

행운과 번영을 가져오는 토시가미를 맞이해서 축하하는 신년 개막 행사.

    1년의 막을 여는 설날 오쇼가쓰는 경사가 쭉 이어진다. 시메카자리를 달고, 가도마쓰를 세우고 가가미모치를 장식하고 오세치 요리와 오조니를 먹고 도소주*를 마신다. 아이들은 세뱃돈 오토시다마お年玉를 받고, 맛있는 음식을 먹은 후에 새해 첫 참배인 하츠모데初詣를 하러 간다. 그밖에도 다양한 행사가 있다. 그만큼 설날은 1년 중에서 가장 특별한 날이라고 할 수 있다.

    원래 오쇼가쓰는 새로운 해의 풍작과 복을 가져다주는 토시가미를 맞이하는 행사였다. 설 장식도 토시가미가 올 때 이정표인 가

- 일본어로 오토소お屠蘇. 설을 축하하며 한해 건강을 기원하는 의미에서 마시는 술이다.

일본의 풍습

도마쓰, 신성한 장소를 나타내는 시메카자리, 토시가마에게 올리는 음식인 가가미모치와 같이 각각 의미가 있다(p.166).

이 토시가미는 쇼가쓰사마, 토시도쿠진이라고도 불리며 조상의 영혼이라는 이야기도 있다. 즉, 오쇼가쓰와 여름의 오본은 한 쌍으로 여름의 오본이 불교적 의미가 강한 반면 오쇼가쓰에는 조상의 영혼을 신으로 맞이하여 공양하는 날로 정착해왔다. 또한 조상의 영혼은 봄에 고향으로 돌아와 논밭의 신이 되고 수확이 끝난 가을에는 산으로 돌아가 산의 신이 되고 정월에는 토시가미가 되어 찾아온다고 생각했다.

1월 1일 아침을 의미하는 오쇼가쓰에서 7일까지 가도마쓰를 세워두는 기간 마쓰노우치松の内까지 토시가미가 집에 있다고 여겼다. 1월 1일부터 3일까지 지나면 바로 출근하는 사람도 있지만 7일까지는 토시가미가 머물러 있다는 의식으로 잘 모시면 1년 동안 복을 가져다줄 것이다.

오쇼가쓰에 아이들의 가장 큰 즐거움 세뱃돈 오토시다마. 유래는 토시가미에게 공양물로 바친 둥근 떡이다. 원래는 토시가미의 영혼을 의미하는 토시가미御歳魂로 토시가미에게 바치던 떡을 소년들이 나눠 먹는 것에서 시작되었다. 무로마치 시대에는 술이나 붓, 먹 등을 보내는 습관이 있었고 에도 시대가 되어 지금처럼 돈을 주는 형태로 변했다.

○ '첫'이 붙는 풍속

새로운 해의 시작에는 여러 가지 '첫'이 붙는 풍속이 많다. 첫 참배나 첫 일출, 첫 꿈, 첫 놀이* 등등이 있다. 모두 새해의 풍속이다.

첫 일출 初日の出(하츠히노데)

해가 바뀌는 신년 첫날 아침에 뜨는 태양을 첫 일출이라고 한다. 장엄한 해돋이가 장관이라는 의미로 고라이코御来光라고도 한다.

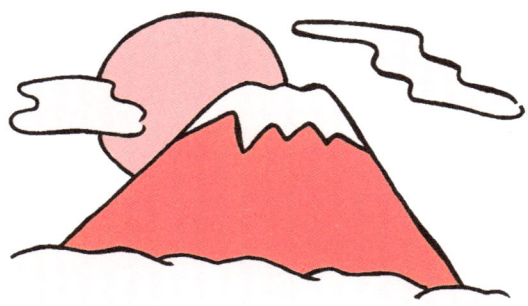

첫 꿈 初夢(하츠유메)

새해를 맞이해서 처음 꾸는 '첫 꿈'. 날짜에는 여러 가지 설이 있지만 1월 2일 밤에 꾸는 꿈을 가리키는 것이 일반적이다. 꿈 내용으로 그해의 운세를 점친다. 후지산, 매, 가지**를 보면 좋다고 한다.

- 하츠라고 읽는 한자 '처음 초初'를 명사 앞에 붙여 처음, 최초라는 의미를 나타낸다.

새해 첫 꿈에 관련된 풍속 ①
벽에 그림을 건다
자는 방에 후지산 등 기운이 좋은 그림을 건다.

새해 첫 꿈에 관련된 풍속 ②
이불에 신경 쓴다
무늬는 부적으로 효과가 있다고 하는 길상문양 吉祥文樣의 이불이 좋다고 한다.

새해 첫 꿈에 관련된 풍속 ③
베게 밑에 칠복신의 그림을 넣는다
칠복신의 그림을 베게 밑에 두면 좋은 꿈을 꾼다고 한다.

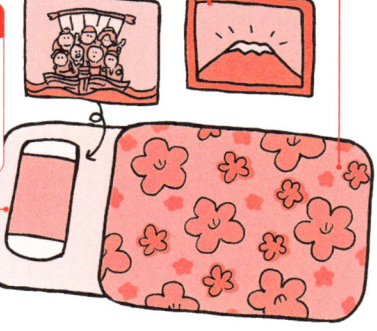

좋은 기운의 언어를 쓴다

초등학교 겨울 방학 숙제로 처음 붓글씨를 쓰는 사람도 많을 것이다. 신년 포부나 목표를 적는 사람도 있지만 첫 붓글씨는 후지산이나 일출, 송죽매와 같이 좋은 기운의 말을 쓰면 좋다.

운기 UP!

- 토시가미와 함께 조용하게 보낸다.
- 첫 일출을 바라보며 좋은 운기 기원!
- 신년에는 '첫' 풍속을 즐긴다!

•• 새해 첫 꿈에서 보면 좋다고 하는 후지산, 매, 가지를 '이치후지 니타카 산나스비一富士二鷹三茄子'로 표현한다.

엔기모노가 가득한 요리

오세치 요리

설 요리

모든 음식에 좋은 운기가 가득한 상서로운 오세치 요리를 토시가미와 함께 먹는다.

    오세치 요리의 오세치おせち는 명절의 연회 공양물이라는 의미의 오세치쿠御節供의 약자로, 한자로 쓰면 오세치御節가 된다. 원래 오세치 요리는 계절이 변화하는 명절(설날과 고셋쿠)에 신에게 공양물을 드리고 먹은 것인데, 가장 중요한 날로 여겨지는 설 요리를 특히 오세치 요리로 부르게 되었다. 토시가미에게 공양물로 드린 음식을 받아서 먹고 무병과 건강, 가내 안전 등을 기원하는 풍속이다. 또한 토시가미를 맞이하는 정월 동안에는 음식을 만들기 위해 불을 지피는 것을 삼가는 풍속에서 기인했다.

    오세치 요리는 상서로운 산해진미를 찬합에 차곡차곡 담는 것이 관습인데, 찬합에 담는 이유는 좋은 일이 차곡차곡 겹친다는 의미가 있어서다. 1단에서 4단까지 쌓는 것이 정식으로 완전함을 나

타내는 숫자 3에 한 단 더 쌓는다는 의미가 있어서 4단을 여⁺의 단이라고 한다. 사단을 여의 단이라고 부르는 이유는 숫자 4의 발음 시し와 죽을 사死의 발음이 같아서 불길하기 때문이다. 요리의 가짓수도 홀수인 3, 5, 7 등으로 해야 운기가 좋다고 한다.

간토에서는 검은콩과 청어알을, 간사이에서는 검은콩과 청어알, 두드린 우엉 요리*를 반드시 넣는다. 경사스러운 요리 3종인 미즈자카나三つ肴는 오곡 풍요와 자손 번영을 기원하는 엔기모노다.

설에는 양 끝이 가는 모양의 경사 젓가락 이와이바시祝い箸를 사용하는데, 젓가락 한쪽을 토시가미, 다른 한쪽을 사람이 사용하면서 신과 함께 식사를 하는 신인공식神人共食을 의미한다.

오쇼가쓰에 먹는 중요한 요리로 오조니도 있다. 조리법이나 간은 지역과 집 가풍에 따라 각양각색인데, 오조니 떡의 형태와 먹는 방법은 간토와 간사이가 다르다. 간토에서는 사각형으로 자른 떡을 한 번 구운 후에 맛 국물에 넣지만 간사이에서는 둥근 떡을 굽지 않고 맛국물에 넣어 익힌다. 오조니의 기원은 무로마치 시대에 연회석에 차려진 음식이라고도 한다.

---

* 정식 명칭은 다다키 고보우たたきごぼう인데, 다다키는 두드린다는 뜻으로 우엉을 두드려 펴서 열기 때문에 운이 열린다는 의미가 있다고 한다.

○ 찬합에 담긴 요리와 각각의 의미

지역에 따라 다르지만 모든 단에는 무엇을 담을지가 결정되어 있고, 관습에 따라 차곡차곡 담는다. 각각의 요리에도 의미가 있다.

일단 一の重(이치노쥬)

술안주에 좋은 축하 안주, 다과를 담는다. 건강하고 성실하게 생활하기를 바라는 검은콩, 풍작을 소원하는 논밭 만들기, 자손 번영을 바라는 청어알, 홍백의 가마보코, 다진 생선과 달걀을 섞어 두껍게 부친 다테마키, 축하의 곤부마키*, 금전운 상승을 의미하는 밤을 동전 모양으로 만든 달콤한 과자 쿠리킨톤 등이 담긴다.

이단 二の重(니노쥬)

구운 요리를 담는다. 에비스신이 잡은 생선으로 경사스럽다는 의미의 도미, 출세어인 방어, 장수를 상징하는 허리가 굽은 모습의 새우 등 바다의 진미를 중심으로 넣는다.

* 곤부는 다시마를 의미한다. 곤부의 발음이 축하, 경하한다의 의미인 요로코부喜ぶ와 비슷해서 부여된 의미다.

일본의 풍습

삼단 三の重 (산노쥬)

익힌 요리를 담는다. 구멍이 뚫려 있어 앞날을 내다볼 수 있는 연근, 자손 번영을 기원하는 토란, 큰 싹이 나와서 길한 쇠귀나물, 푹 조린 우엉 등을 가득 채운다.

여단 与の重 (요노쥬)

식초로 버무린 스노모노를 담는다. 당근의 붉은색, 무의 흰색을 비롯해서 색 끈을 연상케 하는 홍백의 초무침 나마스, 수명을 길게 해준다는 국화꽃 모양의 국화 순무, 초에 담근 문어 요리인 스다코 등을 넣는다.

> **불로장생을 기원하는 약주 도소주**
>
> 1월 1일 설날부터 3일 동안 마시는 도소주는 헤이안 시대에 중국에서 전해진 약주다. 약초를 섞은 도소산屠蘇散을 청주와 미림에 담가서 만든다. 액막이와 장수를 기원하며 그해 간지에 해당하는 소년부터 순서대로 마신다.

운기 UP!
- 엔기모노 음식을 먹고 운기 상승!
- 몸속에 운기 충전!

길한 방향의 참배에서 시작되었다?

하츠모데

새해 첫 참배

새해 처음으로 신에게 인사를 드리고 행운, 건강운, 금전운 등 모든 운기 상승을 기원!

새해 처음으로 신사와 절에 참배하는 행사가 일반적으로 확산된 것은 에도 시대 후반부터라고 한다. 이때 길하다고 여겨지는 방향에 있는 신사와 절에 참배하는 것이 유행했고, 그것이 현재 하츠모데와 관련이 있다.

원래 설은 토시가미를 맞이하는 날이기 때문에 외출을 금지하는 풍속이 있었다. 12월 31일 오미소카 밤에 참배하는 제야 참배나 신년까지 신사에 머물면서 참배하는 토시고모리年ごもり 풍습도 있었지만 날이 밝으면 집으로 돌아가서 그대로 집에 머물면서 지내는 게 일반적이었다고 한다. 지금과 같은 하츠모데 형태가 된 것은 메이지 시대부터다. 계기는 철도망이 발달하고 전철 회사가 승객을 모으기 위해 연 캠페인이었다.

신사 참배에도 예절이 있다. 신전에서 2배 2박수 1배가 기본이다. 절에서는 박수를 치지 않고 합장한다. 운세를 점치는 종이인 오미쿠지가 대길이면 집에 가져가고, 그 외에는 나무에 묶어둔다고 하는데 특별히 정해진 것은 없다. 단지 지정된 장소 외에 묶어두는 일은 하지 말자. 엔기모노인 하마야破魔矢는 정월에 활을 쏘는 행사에서 유래했다. 마魔를 쏜다는 이름에서 액막이에 효과가 있다고 여겨진다.

의외로 하츠모데는 역사가 짧지만 특별한 날에 참배하는 것은 중요한 풍속이다. 3일이 지나서도 운기가 떨어지는 일이 없으니 사람들로 붐비는 게 싫으면 인파가 줄었을 때 참배하는 것도 괜찮다.

> 하츠모데에서 신년의 길흉을 점치는 오미쿠지를 뽑는 방법도 많을 것이다. 오미쿠지의 좋은 운 순서는 대길 〉 길 〉 중길 〉 소길 〉 말길 〉 흉으로, 여기에 대흉까지 더해서 7개 종류인 곳도 있다. 오미쿠지는 점성술과는 의미가 조금 다르다. 그 내용을 지침으로 삼으면 된다. 길흉에 흔들리지 말고 신이 준 메시지를 잘 받아두자.

○ 하츠모데 예절

하츠모데에서 신과 부처에게 소원을 빌 때는 지켜야 할 예절이 있다. 참배할 때는 예절을 지켜서 실례를 범하지 않도록 하자.

도리이 鳥居

도리이는 참배자의 부정을 없애준다. 참배할 때는 신사 첫 입구에 있는 도리이부터 순서대로 지나가면서 참배한다. 신이 다니는 길이니 가운데는 피한다. 도리이를 지날 때에는 옷매무새를 단정하게 하고 가볍게 목례를 한다.

참배

처음에 가볍게 목례를 한 후에 새전을 넣고, 종을 흔들어 울린다. 깊게 두 번 절을 한 후 양손을 들어 가슴 높이에서 두 번 박수를 친다. 양손을 합장하고 기도한 후에 한 번 더 깊게 절을 한다.

손 닦는 곳 手水舍(데미즈야)

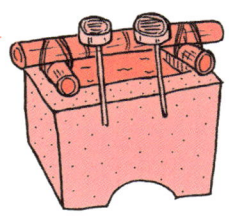

손 닦는 곳에서는 왼손 → 오른손 → 입 순서로 깨끗하게 닦는다. 입을 헹굴 때는 왼손으로 물을 떠서 헹구고, 입에 닿은 왼손과 국자를 한 번 더 물로 헹군다.

새전은 5엔?

새전 상자에 돈을 넣게 된 것은 그리 오래되지 않았다. 원래는 산해진미나 쌀을 종이에 싼 오히네리를 바쳤다. 또한 새전의 금액은 정해지지 않았다. 5엔을 넣으면 좋은 인연을 만난다는 것은 고엔(5엔)과 고엔(ご縁)의 발음 같아서 생긴 단순한 언어 유희다.

운기 UP!

- 신에게 새해 첫인사!
- 심신을 가다듬고 참배를!
- 오미쿠지는 신년 지침으로!

건강한 풍속

나나쿠사가유

일곱 가지 나물죽

몸속부터 건강운을 상승시키고 지친 위장을 부드럽게 해주는 건강한 일곱 가지 나물의 파워.

나노카쇼가쓰七日正月라고도 불리는 1월 7일은 오셋쿠 중 하나인 인일의 셋쿠다. 6일 밤부터 7일 아침까지를 6일에 해넘이 무이카도시코시六日年越し, 6일에 나이 먹기 무이카도시토리六日年取り 라고 하고˙, 정월 7일 아침에는 일곱 가지 어린나물을 넣어 끓인 죽인 나나쿠사가유를 먹는다. 어린나물의 생명력을 몸속에 흡수해서 무병과 건강을 기원했다.

일곱 가지 나물죽은 중국 관리가 승진이 결정되는 1월 7일에 어린 약초를 먹고 입신출세를 기원한 것에서 유래되었다고 한다.

- 일본어 숫자 읽기와 관련된 표현으로 6일은 무이카六日, 7일은 나노카七日, 숫자 7은 나나나라고 읽는다.

그것이 일본에 전해져서 헤이안 시대에 궁중 행사로 열리게 되었다. 당시에는 일곱 가지 나물을 국물에 넣어 먹는 게 풍습이었는데 머지않아 죽에 넣어 먹게 되었고, 에도 시대에는 막부의 공식 행사가 되었다. 일반 가정에 일곱 나물죽 풍습이 확산된 것도 이 시기다.

6일 낮에 일곱 가지 나물을 캐서 7일 아침에 아침밥으로 먹었다. 봄의 일곱 가지 나물은 지역에 따라 다소 차이가 있는데 **미나리, 냉이, 떡쑥, 쇠별꽃, 광대나물, 순무, 무로 와카에서 노래하던 것이 일반적이다.** 일곱 가지 나물을 조리할 때는 가능하면 요란하게 도마 소리를 내면서 잘게 썰어야 한다. 박자를 맞추며 흥을 돋우는 추임새도 있다고 전해진다. 사실 그렇게 하면 나물의 영양가를 충분히 살려서 하나도 남김없이 체내에 흡수하는 효과가 크다고 한다. 초록잎이 적은 겨울에 비타민 보급과 설날 명절 음식으로 지친 위를 달래주는 조상의 지혜가 꽉 찬 일곱 가지 나물죽을 먹고 몸속에 건강 파워를 저장하자.

일곱 가지 나물죽을 만들 때는 추임새를 읊으면서 다지는 풍습이 있다. 지방이나 지역에 따라 가사는 다르지만 '일곱 나물 냉이, 당나라의 새가 일본으로 건너오지 못하게 일곱 나물을 탕탕탕 두드려서 쫓아버리자'라는 추임새다. 이 말을 반복해서 읊는데 밤을 새우며 읊는다는 설, 다지는 횟수가 정해졌다는 설 등이 있다.

○ 일곱 가지 나물의 효과

　가을의 나나쿠사는 관상용이지만 봄의 일곱 가지 나물은 먹을 수 있다. 비타민이 부족한 겨울의 영양 보충이라는 이치에 맞는 조상의 지혜다. 또한 만병을 없애고 액운을 떨치는 의미도 담겼다.

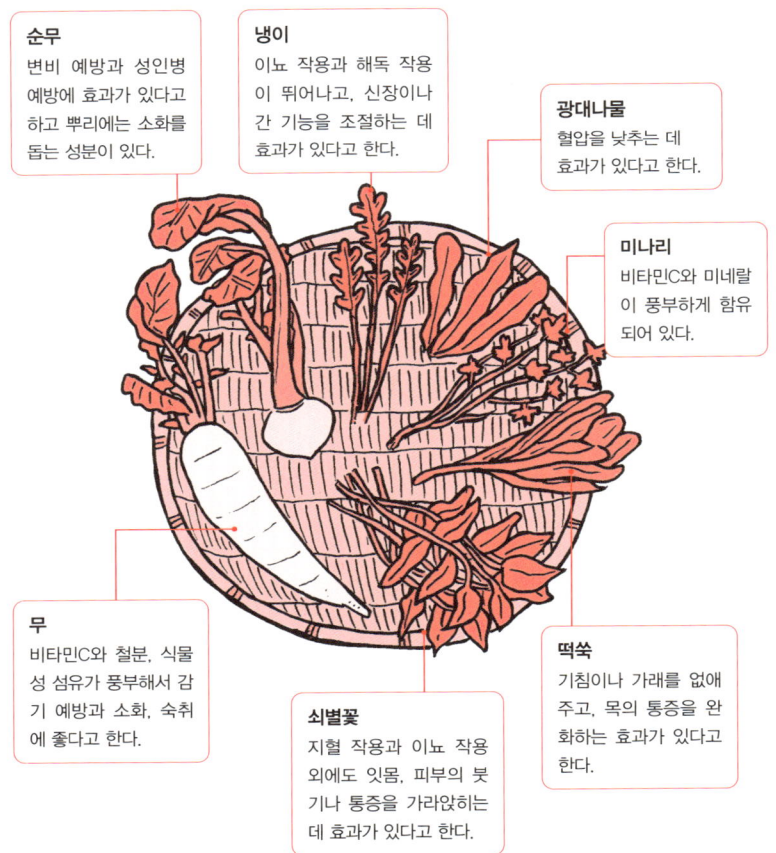

순무
변비 예방과 성인병 예방에 효과가 있다고 하고 뿌리에는 소화를 돕는 성분이 있다.

냉이
이뇨 작용과 해독 작용이 뛰어나고, 신장이나 간 기능을 조절하는 데 효과가 있다고 한다.

광대나물
혈압을 낮추는 데 효과가 있다고 한다.

미나리
비타민C와 미네랄이 풍부하게 함유되어 있다.

무
비타민C와 철분, 식물성 섬유가 풍부해서 감기 예방과 소화, 숙취에 좋다고 한다.

쇠별꽃
지혈 작용과 이뇨 작용 외에도 잇몸, 피부의 붓기나 통증을 가라앉히는 데 효과가 있다고 한다.

떡쑥
기침이나 가래를 없애 주고, 목의 통증을 완화하는 효과가 있다고 한다.

의식동원医食同源의 전통식

봄의 일곱 가지 나물은 위장을 다스리는 약초와 같은 기능이 있고, 식욕을 증진하는 효과가 있다. 의학적으로도 당뇨병의 합병증 예방과 체내의 활성 산소를 제거하는 기능도 있다고 보고되는 중이다.

운기 UP!

- 일본의 오래된 건강 메뉴!
- 일곱 가지 나물의 생명력을 흡수하자!

관혼상제의 '관'

성인식

어른으로 인정받는 의례

아이가 어른이 되고 당신도 운기가 상승한다?

관혼상제의 '관'에는 관례冠禮라는 의미가 담겨 있고, **옛날 일본에서 남자는 성인 의식으로 관이나 에보시**烏帽子**를 썼다.** 이것이 관의 의미로 현대에서는 인생에서 중요한 때에 관례 행사를 하는데, 성인식이 그중 하나다.

현재 일본에서 20살이 되면 성인으로 인정되어 1월 두 번째 월요일에 성인식이 열린다. 그때 의상과 머리 모양이 정해지진 않았지만 여성은 대부분 화려한 후리소데振袖를 입는다. 그에 반해 남성은 전통적인 정장 하오리하카마羽織袴나 양복을 입고 출석하는 경우가 많다.

• 관례를 올린 남자가 쓰는 검은 모자다.

과거 성인식에서는 관례복 의식에서 앞에서 설명한 대로 남성은 처음으로 관을 쓰는 에보시 쓰는 축하 행사烏帽子着の祝い를 했고, 여성은 처음으로 이를 검게 물들이는 오하구로 축하나 눈썹을 미는 행사를 했다. 그밖에도 남성은 어렸을 때 사용하던 이름에서 어른 이름으로 바뀐다. 머리 모양을 바꾸고 여성은 머리를 올리는 가미아게髮上げ나 모裳라는 허리 아래 뒤에서 두르는 치마가 허용되어 모기裳着라는 의식을 하면 성인으로 인정받았다. 이렇게 15살 전후에 한 행사는 겉모습에서도 성인이 된 것을 확실하게 보여주면서 본인에게도 성인이 된 것을 자각시키는 의미도 있었다.

행정상으로 성인식이 시작된 것은 1946년 11월 22일 사이다마현 와라비시蕨市에서 '제1회 청년제'로 열린 청년식이었다. 와라비시에서는 현재도 이 이름으로 성인식을 개최한다고 한다.

성인의 날이 언제냐는 질문을 받으면 1월 15일이라고 대답하는 사람이 많을 것이다. 실제로 1948년에는 1월 15일이 성인의 날로 공휴일이었고, 1999년까지 이어졌다. 현재는 1월 두 번째 월요일로 바뀌었고 이렇게 바뀌게 된 배경에는 해피 먼데이 제도가 있었다. 관광과 운수업 활성을 목적으로 연휴를 늘리기 위해 월요일로 변경된 것이다.

○ 관례와 성인식

옛날에는 지금보다 상당히 이른 단계부터 성인으로 여겨져서 이름과 겉모습을 바꾸면서 어른에 속하게 했다. 머리 모양을 바꾸거나 눈썹을 밀며 어제와는 다른 자신의 모습에 꽤 당황하지 않았을까?

관례

관례는 헤이안 시대보다 더 오래된 시대부터 있던 의식으로 관례를 맞이한 남성은 에보시라는 관을 쓰는 의식을 하고, 부모로부터 이름 한 글자를 물려받아 개명하여 어른이 되었다. 여성은 헤이안 시대에 길게 늘어뜨린 앞머리를 올리고, 정장으로 모를 착용했다.

여성의 모기
민간 여성의 성인식은 허리에 두르는 속옷 유모지湯文字를 처음으로 착용하는 유모지 축하 행사를 했다고 한다.

남성의 관례
관례는 조정이나 왕실과 무가의 의식으로 민간에서는 달력 나이로 15~17살 정도에 남성은 처음으로 훈도시라는 속옷을 두르는 훈도시 축하 행사를 했다.

성인식

현재 일본에서는 만 20세가 민법으로 정해진, 사회적으로 어른으로 인정되는 나이다(2022년 4월 1일 이후 만 18세로 개정). 대부분의 여성이 성인식에서 최고급 예복인 후리소데 하레기를 입는데, 후리소데를 입는 풍속이 확산된 것은 1960년대 고도 경제 성장기 이후라고 한다.

성인식이 변한다?

성인의 나이를 낮춘 민법 개정안이 가결되어 지금은 만 18세가 성인이다. 현재 성인식은 대학 입시 시기와 가까워서 어쩌면 성인식도 크게 달라질지 모르겠다.

운기 UP!

- 어른이 되어서 운기 상승
- 몸과 마음 전부 어른이 된다!
- 새로운 속옷을 입어 건강하게!

Winter Tradition 2월 3일

귀신을 쫓아내고 복을 부르자!

세쓰분

잡귀 쫓는 행사

귀신을 쫓아내고 복을 부르고, 후쿠마메를 먹고 후쿠차를 마신다. 온통 복으로 가득해서 운기도 업!?

세쓰분은 계절이 바뀌는 때를 가리키는 말로, 원래는 계절의 단락(節)을 나눈다(分)는 의미다. 과거에는 계절의 시작인 입춘, 입하, 입추, 입동 전날은 모두 세쓰분이라고 불렸다. 그런데 음력에서는 입춘 전후가 새로운 해로 바뀌는 특별한 단락이기 때문에 입춘 전날만 세쓰분으로 부르게 되었다.

계절이 변하는 시기에는 역병이나 재앙을 가져오는 귀신을 쫓아내는 구나追儺라는 고대 중국의 액막이 의식이 콩을 뿌리는 기원이라고 한다. 일본에서는 나라 시대에 전해졌고, 헤이안 시대에는 궁정의 연중행사로 열렸다. 귀신 가면을 쓴 사람을 귀신으로 삼아 활시위를 손을 튕겨 울리며 쫓아내는 행사로, 오니야라이鬼遣라고 불리기도 했다. 지금과 같이 볶은 콩을 뿌리게 된 것은 무로마치 시대에 시작되어 에도 시대에 서민들 사이에 널리 퍼졌다.

귀신을 쫓아내는 콩은 오곡 중에서도 영력이 깃들어 있다고 하는 대두다. 콩을 일본어로 마메豆라고 하는데 마멸魔滅이라는 단어와 발음이 같고, 볶는다는 의미의 이루炒る는 마메魔目 즉, 귀신의 눈을 활로 쏜다는 이루射る와 발음이 같다. 따라서 볶은 콩에는 활로 귀신의 눈을 쏘아 귀신을 없앤다는 의미가 담겼다. 전날 밤에 볶은 콩을 가마다나에 바치는 풍속이 있고 이 콩을 후쿠마메福豆라고 부른다. 콩을 볶는 이유는 미처 주워 담지 못한 콩이 싹을 틔우면 좋지 않은 일이 생긴다고 하기 때문이다. 콩을 뿌리는 사람은 집안의 가장 또는 장남, 그해 간지에 해당되는 남성이나 여성도 길하다고 한다. 귀신은 나쁜 기운이나 병, 재해를 상징한다. 입춘을 앞두고 그러한 나쁜 기운을 없애고 집안에 복을 불러오자.

> 세쓰분에는 자신의 나이와 같거나 하나 더한 숫자의 콩을 먹는 콩 도시토리마메年取り豆라는 풍속도 있다. 하지만 나이를 먹을 때마다 먹어야 할 콩의 수가 늘어서 그렇게 많이 먹지 못하는 노인은 콩가루를 뿌린 떡이나 나이 수만큼의 콩에 오차를 부은 후쿠차福茶를 마신다. 콩을 먹는 것과 동일한 복을 얻을 수 있다고 한다.

○ 콩 뿌리는 방법

콩을 뿌려 귀신을 쫓아내고 복을 불러들이기 위해서는 정해진 방법과 예절을 따라야 한다. 콩을 뿌리는 올바른 방법을 익혀서 귀신은 쫓고 복은 놓치지 않도록 확실히 붙잡자.

① 후쿠마메를 준비한다

콩은 전날 밤에 가미다나에 바치는 것이 예절이다. 가미다나가 없는 경우에는 방의 남쪽 높은 곳에 하얀 종이를 펴고 공양물로 올린다.
콩을 넣는 세쓰분 마스는 쌀되다. 쌀되는 원래 곡물을 계량하는 도구로 일본어는 한자 '쌀 되枡'로 쓰고 마스로 읽는다. 이 '마스'라는 발음이 더하다는 증增이나 익益의 발음과 같아서 '행복을 더한다', '더 경사스럽다'와 연결지어 엔기모노로 여겨지게 되었다. 또한 세쓰분의 귀신은 나쁜 기운을 구현화한 것으로, 콩으로 쫓아낸다는 의미에서 특별히 귀신 역할이 없어도 된다고 한다.

② 현관이나 창문을 열어두고 밤에 뿌린다

현관이나 집 안의 창문을 열어두고, '귀신은 밖으로!' '복은 안으로!'를 두 번 외치면서 집에서 가장 높은 사람이 집에서 구석진 방에서부터 안팎으로 볶은 콩을 뿌린다. 밤에 콩을 뿌리는 이유는 귀신이 밤에 오기 때문이다.

③ 집 안에 뿌리고 문과 창문을 닫는다

구석진 방에서 이동하면서 뿌리고 마지막에는 현관에서 밖을 향해 뿌린다. 끝나면 복이 밖으로 나가지 않도록 문과 창문을 전부 닫는다. 닫을 때는 소리를 내면서 닫는다.

④ '만 나이 + 1개'의 콩을 먹는다

콩을 전부 뿌리고 나면 뿌린 콩을 자신의 나이보다 하나 더 많이 주워서 먹는다. 1개 더 많이 먹는 이유는 신년 액막이 때문이다. 먹기 힘들 때는 콩에 오차를 부은 후쿠차를 마셔도 된다.

> **귀신은 냄새를 좋아한다, 싫어한다?**
>
> 호랑가시나무의 나뭇가지에 구운 정어리를 머리부터 꼬치에 끼워 지붕 밑이나 출입구에 매다는 액막이 주술 야이카가시やいかがし*. 정어리의 냄새로 귀신을 유혹해서(또는 그 반대), 호랑가시나무의 가시로 귀신의 눈을 찌른다.

운기 UP!
- 귀신을 쫓아내서 액막이!
- 복을 불러서 운기 상승!

* 야키카구시焼き嗅がし가 변한 말로, 야키焼き는 '굽다', 카가嗅ぐ는 '냄새 맡다'라는 뜻이다. 즉, 구워서 냄새가 나게 해서 액땜을 한다는 의미다.

Column 05

'하지 마', '보지 마', '말하지 마'
금기의 풍습

예로부터 일본에는 '해서는 안 된다', '봐서는 안 된다', '말해서는 안 된다'는 풍습으로 전해지는 금기(터부)가 있다.

'하지 마'의 풍습

예로부터 '집 안 문지방을 넘으면 안 된다' 등 해서는 안 된다고 하는 풍습은 무례함을 훈계하여 피하게 하는 조상의 지혜였다. 또한 '밤에 손톱을 깎으면 안 된다'나 '밤에 휘파람을 불면 안 된다'도 마찬가지다. 어둠 속에서 손톱을 깎으면 상처를 입을 위험이 크고, 모두 잠든 조용한 밤에 피리를 불면 다른 사람이 불쾌할 수 있어서 그러한 행위를 경계하기 위한 터부라고 할 수 있다.

'보지 마'의 풍습

『은혜 갚은 두루미』, 『우라시마타로』 등 보면 안 되는 물건을 본 탓에 슬픈 결말을 맞이하는 전래동화가 많다. 또한 불상을 비불祕仏이라고 해서 절의 승려조차 보지 못하게 금지된 것이 있다. 그것을 봐서 변신하는 능력을 잃고 사람의 눈에 띄어서 신성한 힘이 사라져버린다고 생각했다. 무슨 일이든 절도를 지켜서 사회적인 매너와 약속을 중요하게 여기는 풍습이라고 이해하자.

'말하지 마'의 풍습

예로부터 일본에는 말에는 영혼이 깃든다는 고토다마言魂 사상이 있었고, 그것을 피하거나 다른 말 또는 반대어로 바꿔서 운을 좋게 전환하는 풍속이 있었다. 오징어 스루메의 '스루'는 속이다, 훔치다의 발음과 같아서 좋지 않은 느낌이라 '아타리메'라고 부른다. 결혼식을 마칠 때는 이별을 연상하게 하는 돌아가다帰る(가에루), 떠나다去る(사루)라는 금기어 대신 즐거움과 축하를 의미하는 오히라키御披楽喜와 발음이 같은 오히라키お開き를 사용한다. 또한 숫자 중에서도 4의 발음 '시し'가 죽을 사死의 발음과 같고, 9의 발음 '구く'는 '괴로울 고苦'의 발음과 같아서 불길한 숫자로 여겨 피한다. 축의금에 우수리 없이 딱 나누어 떨어지는 짝수를 피하는 것도 같은 이유에서다. 반대로 3의 발음 '미츠'는 충분하다는 의미의 '満つ'와 발음이 같아서 기운이 좋다고 여겨진다.

5장

운기가 상승하는 인생의 풍속

사람이 태어나서 죽을 때까지 인생의 마디마다 수많은 중요한 의식이 있다.
건강과 무사를 신에게 감사하고, 행운을 기원한다.
인생의 운기를 상승시키는 풍속에 대해 알아보자.

인생은 풍속으로 시작하고 풍속으로 끝난다

인생의 단락마다 찾아오는 통과 의례와 관혼상제. 중요한 풍속 의례다.

인생에는 태어나서 죽을 때까지 다양한 인생의 단락이 있다. 그것을 통과 의례라고 부른다. 탄생을 기뻐하고 무사하게 성장, 행운과 입신출세, 불로장생 등 대부분을 신이나 부처에게 기도한다. 그 모든 것은 인간의 삶의 영위 속에서 부모에서 자식, 자식에서 손자와 증손자 그리고 대대손손 이어지는 인간이 인간을 생각하는 마음이다. 그러한 인간의 삶의 영위 속에 풍속이 있다.

임신 기간을 무사하게 보낸 후 안전하게 출산하기를 기원하는 오비이와이帯祝い. 태어난 아이가 건강하게 성장하기를 기원하는 첫 이렛날 잔치인 오시치야お七夜, 아기의 첫 외출인 오미야마이리お宮参り, 첫 식사, 첫 명절, 첫돌 축하. 7살이 될 때까지 신의 아이에서 무사하게 사람의 아이로 자란 것을 감사하는 시치고산. 어른

이 된 것을 축하하는 13살 참배 주산마이리에 성인식. 그리고 인생의 중요한 단계인 결혼.

그 후 인생이 계속되는 한 맞이할 의례는 많다. 자신의 의례뿐 아니라 아이가 생기면 아이의 의례, 손자가 생기면 손자의 의례도 겹치면서 몇 번이나 풍속은 다시 반복된다. 그리고 어느덧 인생의 마지막을 맞이할 때도 장례라는 풍속을 통해 이 세상 사람에서 저 세상 사람이 되어서도 풍속 속에서 계속 살아가게 된다.

인생은 말 그대로 풍속으로 가득 차 있다. 일본인이 면면히 계승하고 소중하게 지켜온 인생의 풍속을 탄생부터 장례까지의 흐름을 순서대로 따라 가보자.

○ 인생의 달력

임신	임신 5개월	오비이와이	임신 5개월째 술일에 임산부가 복대를 두르는 의식이다.	p.205
출산	탄생		탯줄은 오동나무 상자에 넣어서 가미다나에 기원한다.	
영아기	3일째	삼일 축하	베내옷을 입히고 삼신할머니에게 감사하며 가호를 기원한다.	
	7일째	오시치야	이름 쓴 종이를 신전과 불전에 붙인다.	p.206
	30일경	오미야마이리	남자 아이는 32일째, 여자 아이는 33일째에 한다.	p.207
	100일경	첫 식사	평생 먹을 것으로 고생하지 않고 건강하게 자라기를 기원한다.	p.208
	첫 3/3, 5/5	첫 명절	아이가 태어나서 처음 맞이하는 명절.	p.209
	1살	첫돌 축하	쌀 한 되 분량의 떡을 등에 진다.	p.210
유아기 아동기 청소년기	3·5·7살	시치고산	여자아이는 3살과 7살, 남자아이는 5살에 행한다.	p.146·212
	3살	입학식	유치원 입학.	p.213
	6살	졸업·입학식	유치원 졸업, 초등학교 입학.	p.213·214
	12살	졸업식	초등학교 졸업.	p.214
	13살	주산마이리	달력 나이 13살인 남녀가 지혜를 받는 허공장보살에게 참배한다.	p.66·214
	18살	액년	본액은 달력 나이로 여성은 19살, 남성은 25살.	p.37
	20살	성인식	1월 두 번째 월요일에 성인식을 개최한다.	p.190·215
성인	남성 31살, 여성 29살 ※1	결혼	부부가 되어 가정을 갖는다.	p.218
	60살	환갑	60살을 축하하는 장수 경사.	p.221
	88살	미수	88살을 축하하는 장수 경사.	p.223
	100살	백수	100살을 축하하는 장수 경사.	p.223
사후	남성 81살, 여성 87살 ※2	쓰야	장례 전날 밤에 고인을 애도하는 의식.	p.224
		장례·고별식	명복을 빌고, 마지막 이별을 하는 의식.	p.227
		출관·화장·호네아게●	유족이 고인과 마지막 이별을 하는 의식.	p.228
		49일 법요	고인이 극락정토로 여행을 떠나는 날. 납골을 하기도 한다.	

※1 ※2 평균 연령(2018년 후생 노동성)

• 화장 후 긴 젓가락으로 고인의 유골을 항아리에 담는 것을 말한다.

성장

풍속으로 축하하는 인생의 한 대목

사람이 태어나서 성인이 될 때까지 중요한 때마다 행하는 수많은 의례. 특히 태어나서 1년 동안의 행사는 빽빽하다. 아이들이 건강하게 성장하고 행운이 있기를 바라며 예로부터 중요하게 여기며 지켜온 풍속이다.

다산과 안전하게 출산하는 개의 기운을 받아서

오비이와이

임신 5개월째가 된 임신 술일에 신사에서 안전한 출산을 기원하는 참배를 하고, 복대를 두르는 풍습이다. 에도 시대가 기원이라고 한다. 원래 이와타오비岩田帯로 불리는 복대의 어원은 이하다오비斎肌帯로 한자 '재斎'는 기피한다는 의미다. 옛날에는 출산할 때 사산도 많았기 때문에 임신을 부정하다고 여겨서 오비(복대)를 둘러 기피할 시기가 시작된 것을 알렸다. 이와타岩田라는 글자로 변한 것은 바위岩처럼 단단하고 튼튼한 아이가 태어나기를 바라는 마음이 담겼다는 설이 있다.

아기의 이름을 결정한다

오시치야

아기가 태어나고 생후 7일째를 축하하는 풍습으로 헤이안 시대 삼신할머니로부터 독립을 축하는 우부다치노이와이産立ちの祝い에서 유래했다. 출산을 도와주는 삼신할머니는 출산 후 7일째까지 아기를 돌봐주고 돌아간다고 한다. 삼신할머니가 돌아간 7일째에 아기에게 이름을 지어주고 고장의 수호신인 우지가미에게 인간의 일원이 된 것을 인정받는 풍습이 오시치야다. 이날은 산모에게 하나의 중요한 분기점으로, 침상을 정리하고 기피 기간이 끝나는 첫 단계기도 하다.

임신을 지켜주는 신, 삼신할머니

삼신할머니는 임신을 지켜주는 신이다. 출산이 시작되면 내려와서 출산 후 7일 동안 돌봐주고 돌아간다고 한다. 아기가 태어나면 바로 밥을 지어서 삼신할머니에게 우부메시産飯를 올린다.

하레기를 입고 첫 외출

오미야마이리

생후 한 달을 맞이한 아기가 고장의 수호신인 우지가미에게 구성원으로 인정받기 위해 참배하는 풍습이 첫 참배인 오미야마이리다. 무로마치 시대에 나중에 쇼군이 되는 아시카가 요시미치足利義満가 태어났을 때 한 성대한 오미야마이리 행사가 계기가 되어 널리 확산되었다고 한다. 일반적으로 남자아이는 생후 31일 또는 32일째, 여자아이는 생후 32일 또는 33일째에 한다.

이날 아기는 소매가 있는 하레기를 입는다. 우지가미에게 첫선을 보이고 고장의 새로운 우지코氏子로 가호를 기원한다. 과거에는 임산부의 기피 기간이 75일이어서 시어머니나 가족이 아기를 오미야마이리에 데리고 갔다. 지금도 오미야마이리에 시어머니가 아기를 안고 있는 경우가 많은 이유는 그 잔재다.

아기 이마에 '犬' 글자 그리기

오미야마이리를 할 때 아기 이마에 붉은 글씨나 검정 글씨로 '犬'이나 '大'자를 쓰는 아야쓰코ぁゃっこ라는 건강 기원 풍습이 있다. 여기에는 액막이의 의미가 담겼고, 건강하게 잘 자라는 개를 모방한 독특한 풍속이다.

아이의 건강을 기원하는 축하 밥상

첫 식사

생후 100일째에 아이가 평생 먹을 것으로 고생하지 않고 건강하게 성장하기를 기원하는 풍습이다. 백일, 처음 젓가락을 사용하는 하시조로에箸揃え, 하시이와이箸祝い라고도 불린다. 아이의 밥상에 남자아이는 붉은 옻칠, 여자아이는 안쪽에 붉은 옻칠, 바깥쪽에

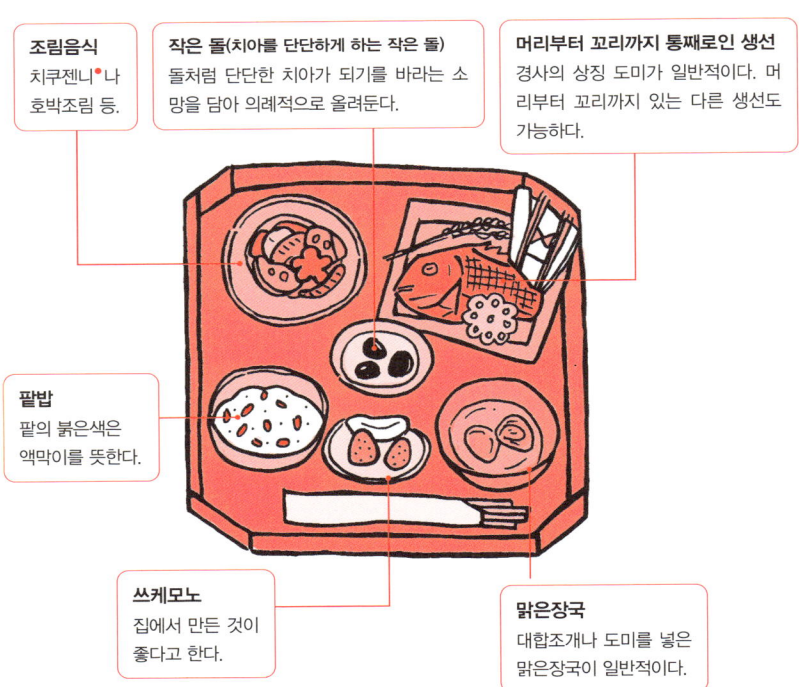

조림음식
치쿠젠니*나 호박조림 등.

작은 돌(치아를 단단하게 하는 작은 돌)
돌처럼 단단한 치아가 되기를 바라는 소망을 담아 의례적으로 올려둔다.

머리부터 꼬리까지 통째로인 생선
경사의 상징 도미가 일반적이다. 머리부터 꼬리까지 있는 다른 생선도 가능하다.

팥밥
팥의 붉은색은 액막이를 뜻한다.

쓰케모노
집에서 만든 것이 좋다고 한다.

맑은장국
대합조개나 도미를 넣은 맑은장국이 일반적이다.

- 치쿠젠니는 닭고기와 채소를 간장으로 조린 음식이다.

는 검은 옷칠을 한 밥그릇을 준비한다. 밥상에 차리는 음식은 머리부터 꼬리까지 통째로 구운 생선과 팥밥, 맑은국 등 일즙삼채다. 또한 요리 외에 치아가 건강하게 자라기를 기원하면서 작은 돌을 올려둔다. 그 장소에 있는 연장자가 젓가락으로 잡은 음식을 아기의 입 근처로 가져가서 먹는 흉내를 내게 한다.

성대하게 축하하는 것이 관습
첫 셋쿠

아이가 태어나서 처음 맞이하는 셋쿠. 여자아이는 3월 3일 상사의 셋쿠(p.50), 남자아이는 5월 5일 단오의 셋쿠(p.74)다. 상사의 셋쿠는 '모모노 셋쿠', '히나마쓰리'라고도 한다. 상사의 셋쿠에 하나 인형을 장식하게 된 이유로는 헤이안 시대의 나가시비나와 귀

족 여자아이들의 놀이 히나 아소비가 결합한 것이 기원이라고 한다. 단오의 셋쿠는 나쁜 기운을 없애는 액막이 행사로 에도 시대에 무가 집안의 남자아이의 성장을 기원하는 행사에서 시작되었다고 한다.

팥밥은 액막이 주술 음식이다?

붉은색이 액운을 막아주는 힘이 있다고 여겨지는 팥밥. 과거 궁중에서는 3월 3일, 5월 5일, 9월 9일의 셋쿠에는 팥밥을 나눠주었다. 하지만 교토에서는 경사에 흰밥, 흉사에 팥밥을 먹는 풍습이 있었다고 한다.

무사하게 자란 1년을 감사한다
첫돌 축하

달력 나이(p.67)로 나이를 세던 옛날에는 신년이 되면 모두 한꺼번에 나이를 먹어서 지금과 같이 생일을 각자 축하하는 습관은 없었다. 하지만 아기가 태어나서 만 1살이 된 첫돌은 특별한 날로 성대하게 축하했다. 아기가 무사하게 1년 동안 자라는 것이 굉장히 어려운 일이었던 옛날에는 계속 건강하게 성장하기를 바랐기 때문이다.

축하 자리에서는 한 되 분량의 쌀로 만든 큰 떡을 등에 지게 했다. 이 떡을 축하 떡祝い餅(이와이모치), 등에 지는 떡背負い餅(세오이모

치)이라고도 부른다. 아이들이 떡의 무게 때문에 큰 소리로 울수록 건강한 아이로 자란다고 한다.

또한 떡을 밟게 하는 떡 밟기餅踏み(모치후미), 장래 직업이나 재능을 점치는 돌잡이選び取り(에라비토리) 의식 등도 한다. 쌀 한 되에는 '평생 먹을 것으로 고생하지 않도록'이라는 바람이 담겨 있다.

첫돌 축하에서 첫걸음의 의미란

아이는 첫돌에서 인간의 일원이 된다고 여겨지기 때문에 서서 걷는 것은 필수다. 축하 자리에서는 의례적으로 걷게 한다. 한편 첫돌 전에 걸은 아이는 귀신의 아이鬼子(오니코)라고 해서 일부러 넘어뜨렸다.

아이의 성장에 감사한다

시치고산

여자아이는 3살과 7살, 남자아이는 5살을 축하하는 시치고산(p.146). 이 의식은 헤이안 시대 이후 긴 역사가 있지만 지금과 같은 형식이 된 것은 메이지 시대 이후라고 한다. 또한 일반에 정착한 것은 훨씬 나중인 제2차 세계대전이 끝난 1945년 이후다.

3살의 기원은 민머리에서 머리를 기르기 시작하는 가미오키, 5살의 기원은 처음으로 하카마를 입는 하카마기, 7살은 오비를 맬 만큼 컸다는 오비도키와 같은 의례가 있었다. 이러한 의례는 에도 시대 중기에 하나의 행사로 합쳐졌다고 한다. 11월 15일에 하게 된 것도 에도 시대 후기부터다.

시치고산이 11월 15일이 된 사정

시치고산 축하 행사를 11월 15일에 하게 된 이유는 에도 시대 때 5대 쇼군인 도쿠가와 쓰나요시의 아들 도쿠마쓰를 축하한 날에서 비롯된 것이라고 한다. 또한 이날이 신을 모시는 동짓달 시모쓰키의 한가운데에 해당하기 때문에 음양도에서 유래했다는 설도 있다.

사회생활을 시작하는 첫발

입학

　유치원이나 보육원은 지금까지 가정에 한정된 생활에서 집단생활로 처음 사회생활을 시작하는 첫발을 뗀 의미를 지닌다. 한편 초등학교, 중학교 입학은 새로운 집단 사회로 한 단계 진입한 것이다. 입학은 아이들에게 큰 분기점이 되는 중요한 행사라고 할 수 있다. 초등학교나 중학교 입학 축하 인사를 받으면 아이 자신도 감사하다는 말을 전하도록 한다. 감사와 답례와 같은 사회생활의 예절을 배울 수 있는 좋은 기회다.

이별을 경험하는 성장의 대목

졸업

　유치원이나 보육원에서 처음 집단 생활을 경험하고 친구나 다정했던 선생님들과 이별을 처음 경험하는 아이들. 또한 6년 동안이라는 긴 초등학교 생활을 마치는 사춘기 직전 아이들은 졸업이라는 의식을 통해 또 한 번 성장의 의례를 통과한다.

　일본에서 가장 오래된 졸업식은 1876년 6월 29일 육군 도야마 학교의 졸업식이라고 한다. 졸업 증명서를 수여한 것 외에도 특히 우수한 학생에게 은시계 등을 선물했다고 한다.

지혜를 주는 보살을 참배한다

주산마이리

　달력 나이로 13살이 된 아이들이 음력 3월 13일 전후(양력 4월 13일)에 허공장보살을 모시는 절에서 참배하는 행사를 13살 참배 주산마이리(p.66)라고 한다. 지혜 참배(치에마이리)라고도 하고, 보살님에게 지혜와 기억력을 받는다.

법적으로도 어른이 된 의례

성인식

현재는 20살이 법적으로도 사회적으로도 어른으로 인정받는 나이다. 여성은 화려한 후리소데를 입고 남성은 양복이나 하오리하카마를 입고 각 지역에서 개최하는 성인식(p.190)에 출석한다. 2022년 4월 1일에는 만 18세를 성인으로 하는 민법이 140년 만에 개정되었다.

2022년 4월 1일에 19살인 사람은?

성인 나이를 재검토해서 2022년 4월 1일부터 성인 나이를 18살로 내렸다. 그때 19살인 사람은 그날부터 성인이 되었다. 하지만 음주나 흡연, 도박은 현행 20살 그대로 유지된다.

결혼

풍속으로 평생 행복하게!

결혼식 형식이나 과정은 시대와 더불어 변해서 최근에는 꽤 간략해졌다. 하지만 약혼식이나 결혼식과 같은 의식은 인생 분기점의 중요한 관습으로 형태를 바꾸면서 이어져오고 있다.

양가를 연결하는 중요한 의식

약혼식

약혼식은 결혼의 증거로 양가에서 예물을 교환하는 의식이다. 지역에 따라 다르다.

간토식 약혼식(9품목)

① **목록**
예물 명세서. 품명이나 수를 기입한 것.

② **나가노시** 長熨斗
말린 전복. 불로장생의 의미가 담겼다.

③ 긴포 金包
예물 살 돈을 넣은 봉투. 신랑 측은 온오비료御帶料, 신부 측은 온하카마료御袴料라고 부른다.

④ 가쓰오부시 勝男武士
가다랑어포. 건강한 아이를 낳아서 키우기를 기원한다.

⑤ 스루메 寿留女
말린 오징어. 평생 부부로 함께하라를 기원이 담겼다.

⑥ 곤부 子生婦
다시마. 자손이 번영하길 기원한다.

⑦ 도모시라가 友志良賀
삼 껍질에서 뽑아낸 하얀 실. 백발白髮(시라가)이 될 때까지 백년해로하기를 기원한다.

⑧ 스에히로 末広
2개가 한 쌍인 하얀 무지 부채. 끝없는 번영을 상징하는 엔기모노다.

⑨ 야나기다루 家内喜多留
붉게 칠한 야나기다루 술통에 넣었던 니혼슈. 가내에 좋은 일이 많기를 기원하는 엔기모노다. 돈 봉투도 준비한다.

5장 | 운기가 상승하는 인생의 풍속

간토식과 간사이식의 약혼 형식

약혼 형식은 지역에 따라 다양한데 크게 간토식과 간사이식으로 나뉜다. 간토에서는 '주고받다'는 의미로 가와수交わす, 간사이에는 '바치다'는 의미로 오사메루納める라는 동사로 표현한다. 간토는 남녀 모두 약혼 예물을 준비하고, 간사이는 주로 남성이 예물을 보낸다.

엄숙한 맹세 의식
결혼식

일본에서 행해지는 결혼식에는 주로 신전거식神前挙式, 불전거식仏前挙式, 기독교식이 있다. 일반적으로 신부 의상은 신전식, 불전식에서는 시로무쿠白無垢라고 하는 하얀 옷이나 이로우치카케色打掛け라고 하는 화려한 의상을, 기독교식에서는 웨딩드레스를 입는다.

신전거식

1945년 전에는 결혼식을 대부분 집에서 했는데 전쟁이 끝난 후에는 신사에서 하는 신전거식이 확산되었다. 1900년에 당시 황태자(나중에 다이쇼 천황)가 했던 결혼식이 기원이라고 한다. 부정한 기운을 없애는 불제 후에 신관이 축사를 읊고, 신 앞에 결혼을 보고한다. 이어서 신랑신부가 술잔을 아홉 번 교환하는 의식 산산쿠도三三九度 후에 비쭈기나무 가지에 흰 종이를 삼실로 묶어 단 다마쿠지玉串를 신전에 바친 다음 양가 친척이 신전에 올리는 술 오미키お神酒를 주고받는 친족의 친목을 위한 친족배親族杯(신조쿠하이)를 행한다.

불전거식

사찰이나 보리사 본당에서 거행된다. 시키시式司라 불리는 스님이 불전에 올려져 있던 흰 술이 달린 하얀 염주를 신랑신부에게 각각 준다. 맹세의 말을 한 후에 향을 피우고 산산쿠도에 해당하는 세이하이誓杯의 잔을 교환하고 설법을 듣는다.

기독교식

교회에서 신부나 목사 앞에서 행해지는 거식이다. 웨딩드레스를 입고 반지를 교환하며, 맹세의 입맞춤을 하는 등 서양 스타일의 결혼식 요소가 가득한 스타일이다. 기독교인이 아니라도 결혼식을 올릴 수 있다.

결혼식에서 쓰면 안 되는 단어

끝나다終わる, 떠나다去る, 자르다切る, 헤어지다別れる, 이별하다離れる, 되돌리다戻す, 깨지다破れる, 망하다滅びる, 괴롭다苦しい, 옅다/적다薄い, 실증나다飽きる, 쌓이다重ね重ね, 또다시またまた 등은 축하 인사를 할 때 사용하면 불길한 말이다.

장수

120살까지 계속되는 장수 축하

'인생은 100년'이라고 해도 이제는 별로 놀랍지 않다. 장수 대국인 일본의 장수는 앞으로도 계속 늘어날 것이다. 장수 축하는 환갑, 희수, 미수와 같이 쭉! 120살까지 있다.

환갑이라지만 아직 청춘!

장수 축하

태어나서 십간과 십이지를 조합한 60개의 간지가 한 바퀴 돌았다고 해서 회갑回甲이라고도 부르는 60살의 축하. 붉은색의 소매가 없는 짧은 겉옷 아카이찬찬코赤いちゃんちゃんこ와 두건을 선물로 주는 풍습은 너무나 유명하다. 그런데 왜 아카이찬찬코일까? 회갑이란 육십갑자가 다시 돌아왔다는 의미로 두 번째 생일을 맞이하기 때문이다. 즉, 아기赤ちゃん(아카찬)와 같은 생명력을 다시 한 번 얻어서 건강하게 장수하기를 바

란다는 바람이 담겨 있다. 이 붉은색에는 액막이의 의미도 담겼다. 또한 환갑 이후에는 장수를 축하하는 의미로 토시이와이年祝い라고 한다. 현재 60살은 아직 건강한 현역이지만 헤이안 시대의 귀족 사이에서는 40살을 넘기면 '초로'가 되고, 이후 10년마다 산가算賀라고 불리는 장수 축하 연회를 연다.

> **환갑 축하는 만 나이로!**
> 옛날부터 사용해온 달력 나이다. 장수의 축하도 기본적으로 달력 나이로 하지만 환갑의 축하는 만 나이(달력 나이 61살)에 한다. 또한 120살도 마찬가지다.

○ 장수 축하의 명칭과 유래

나이	명칭	유래
61살(60)	환갑還甲	60년이 되면 태어난 해의 간지가 다시 돌아오기 때문.
70살(69)	고희古稀	두보의 시 '인생칠십고래희'에서 유래했다. 옛날에는 70살까지 살아 있는 일이 매우 드물었기 때문.
77살(76)	희수喜壽	희喜 자를 초서체로 쓰면 칠십칠七十七로 읽히기 때문.
80살(79)	산수傘壽	산傘 자를 팔八과 십十의 조합 즉, 팔십으로 간주하기 때문.
81살(80)	반수半壽	반半 자를 분해하면 팔십일八十一이 되기 때문.
88살(87)	미수米壽	미米 자를 분해하면 팔십팔八十八이 되기 때문.
90살(89)	졸수卒壽	졸卒의 속자인 졸卆 자 모양을 따서 구십九十이라고 읽기 때문.
99살(98)	백수白壽	백百 자에서 일一 자를 빼면 백白 자가 되기 때문.
100살(99)	백수百壽, 백하百賀, 기수紀壽	100살 이상은 백일하百一賀, 백이하百二賀로 매년 축하한다. 기수紀壽의 기紀는 1세기(100년)을 의미.
111살(110)	황수皇壽	황皇 자를 분해하면 백白(구십구九十九)과 왕王(십이十二)이 되기 때문.
121살(120)	대환갑大還甲	60살부터 간지를 다시 한 번 돌아와서 두 번째 환갑을 맞이하기 때문.

※ 나이는 달력 나이, ( )는 만 나이.

장례

인생 마지막 의식에 관한 풍속

인생 마지막에 맞이하는 의례는 장례다. 임종부터 납골할 때까지 고인의 죽음을 애도하고 평안하게 극락정토로 떠날 수 있도록 보내는 풍습은 고인의 명복만이 아닌, 슬퍼하는 유족의 마음을 위로해준다. 불교식 장송 풍속이다.

밤을 새우는 게 관습

쓰야 通夜

쓰야는 밤새워 말 동무를 해주는 요토기夜伽, 도모야共夜라고도 하는데, 본래 유족이나 일가 친족, 지인들이 모여서 밤을 새우는 예식이었다. 고인과 하룻밤 같이 보내면서 고인을 그리워했다.

지금도 쓰야로 밤을 새울 때는 유족이나 가까운 친족이 마쿠라카자리枕飾り의 향과 촛불이 꺼지지 않도록 한 채 고인과 함께 밤을 보내는 것이 일반적이다.

한편 스님이 독경과 조문객의 향을 피우는 쓰야 의식은 밤 6~7시경부터 9시까지 하는 반半쓰야가 주류다.

마쿠라카자리

안치한 고인의 머리맡에 두는 작은 제단. 불교식에서는 주로 꽃을 꽂아 두고, 향로, 촛대를 하얀 나무 상에 장식한다.

왼쪽부터 꽃·화로·촛대가 원칙이다.

쓰야의 음식 대접

쓰야의 조문객을 위해 마련한 술자리에서 고인을 그리워하면서 고인과 마지막 식사를 한다는 공양물의 의미도 있다.

망자에 대한 예식

임종을 지켜본 후 젓가락 끝에 붙인 면으로 고인의 입술을 적시는 마지막 물 末期の水(마쓰고노미즈) 의식을 가족이 한다. 그밖에도 고인에게 드리는 밥 마쿠라메시 枕飯, 고인의 몸을 깨끗하게 하는 탕관 湯灌, 얼굴 화장이나 염 등도 있다.

○ 일반적인 장례식(불교식) 흐름

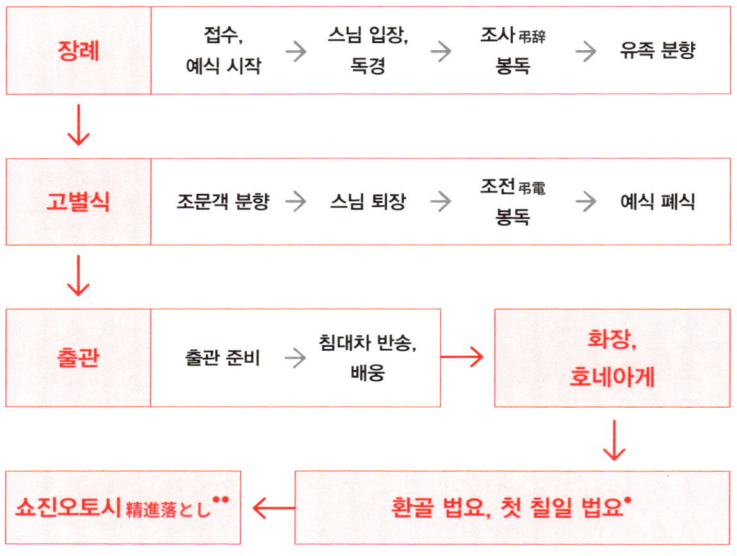

※ 상기는 이미지다. 실제로는 스님이 흐름을 확인하고 당일 사정에 따라 대응한다.

- • 환골 법요還骨法要, 첫 칠일 법요初七日法要는 화장한 후 유골을 집으로 가져와 사망한 7일째 되는 날에 하는 법요를 말한다.
- •• 장례식이 끝난 후 조문객과 스님의 노고를 위로하기 위해 준비하는 식사다.

명복을 비는 이별 의식

장례, 고별식

불교식 장례에서는 예식을 시작한 후 스님이 입장해서 독경을 읽고, 조사 봉독 후에 유족이 분향을 한다. 이때 일단 장례는 끝나고, 이어서 고별식이 거행된다. 일반 조문객의 분향이 끝나면 스님이 퇴장하고 조전이 있다면 봉독 후 예식을 끝낸다. 그리고 관 속에 꽃을 넣으면서 마지막 이별을 한 후에 출관한다. 본래 장례와 고별식은 다른 의식이었지만 지금은 동시에 거행하는 것이 일반적이다.

부의 고덴香典의 의미와 고덴 답례

본래 고덴香典은 돌아가신 분의 영전에 향을 피운다는 의미였다. 유족이 받은 부의를 답례하는 것을 고덴가에시香典返し라고 부른다. 고덴가에시는 받은 부의의 절반이나 3분의 1에 해당하는 답례를 한다. 최근에는 당일에 일률적으로 답례하는 경우도 늘고 있다.

화장한 후 뼈를 줍는다

출관, 화장, 호네아게

장례와 고별식이 끝난 후 고인의 관은 출관을 위해 관 뚜껑을 못으로 박는 의식이 치러진다. 상주부터 차례대로 작은 돌로 두 번씩 두드린다. 출관에는 친족인 남성 등이 관을 운반하고, 영구차에는 발부터 넣는다.

관이 화장터로 들어가면 상주부터 순서대로 분향한다. 화장 후에는 유골을 대나무로 만든 긴 젓가락으로 주워서 유골함에 담는 호네아게를 한다. 상주부터 순서대로 2인 1조로 유골骨(호네)을 줍는다上げる(아게루). 화장터에서 발행한 화장 허가증은 묘지 관리자에게 제출한다.

이날부터 상중이 끝날 때까지

49일 법요 '사십구재'

고인이 돌아가신 날부터 49일까지의 기간을 기중忌中이라 하고, 49일 법요를 하면 상중이 끝난다. 49일은 염라대왕의 마지막 심판의 날이라고 해서 고인이 극락정토에 갈지 여부가 결정되는 중요한 날이라고 한다. 그래서 법요 중에서도 49일 법요가 가장 중요하기 때문에 보리사 등에서는 유족과 친족 등이 모여 독경 후에 회식의 자리를 마련한다. 이것을 쇼진오토시라고 부른다. 대부분 납골도 같이 진행하기 때문에 납골에 맞추어 옻칠한 위패를 준비한다.

33회기回忌까지 조상에게 제사

연기 법요 年忌法要

정해진 해에 올리는 추선공양追善供養을 연기 법요라고 한다. 1주기는 돌아가신 이듬해인 상월명일祥月命日(돌아가신 1년째 되는 날)에 올리는 첫 연기 법요다. 이후 3회기부터는 회기 수에서 1을 뺀 햇수에 제사를 지낸다. 일반적으로 3회기, 7회기, 13회기 후에 33회기(종파에 따라 서는 50회기) 법요로 제사는 끝난다. 그리고 돌아가신 분은 조상이 되는 것이다. 7회기 이후는 일본 독자적인 것으로 법요에 스님을 모시는 것은 에도 시대 단가 제도檀家制度*에서 유래한 것이라고 한다.

* 호적 제도와 비슷한 것으로 백성들을 의무적으로 불교 사찰에 등록시키고 불자 증명서를 발급해서 민중을 관리하던 제도다.

경조 휴가 기비키忌引き 휴가

근친이 돌아가시고 결근 처리가 되지 않는 기간을 기비키라고 한다. 휴가 일수는 기업이나 조직에 따라 다른데, 유급이 아닌 경우도 있다. 또한 기비키 휴가를 낼 때는 장례식 안내장을 증명서 대신 첨부한다.

1주기까지의 법요

기일 법요 忌日法要	**첫 칠일(7일째)** 장례 당일에 앞당겨서 하는 첫 7일이 일반적이다. **사십구일(49일째)** 기중이 끝나는 법요로 같은 날 납골하는 것이 일반적이다. **백일재(100일째)** 49일 법요(사십구재)가 끝나고 조상이 된 고인에게 공양한다.
연기 법요	**1주기(1년째)** 1주기 법요로 상중이 끝난다.
오본 법요 お盆法要	**니이본, 하쓰본**初盆 49일이 지나고 처음 맞이하는 오본.

기중과 상중 기간

연기 법요

시기(햇수)	연기 법요
만 1년째	1주기
만 2년째	3회기
만 6년째	7회기
만 12년째	13회기
만 16년째	17회기

시기(햇수)	연기 법요
만 22년째	23회기
만 26년째	27회기
만 32년째	33회기
만 36년째	37회기
만 49년째	50회기

부록

알아두어야 할 예절

선물 예절

오주겐이나 오세보お歳暮를 시작으로 감사의 마음과 축하, 문안 인사 등 일본에는 선물 문화가 있다. 예의를 갖춘 선물에는 노시熨斗나 미즈히키水引와 같은 장식을 다는 풍습이 있고, 선물에 대한 아름다운 배려가 담겨 있다.

○ 종이 장식 노시와 색실 미즈히키

노시는 미즈히키의 오른쪽 상단에 붙어 있는 종이접기처럼 생긴 것으로 오래전부터 내려온 전통 장식이다. 경사일 때만 붙이는 장식으로 조사에는 사용 금지다. 미즈히키는 봉투를 묶기 위해 색실로 만든 매듭이다. 묶는 방법에는 종류가 있다. 미즈히키의 숫자도 경사에는 홀수, 조사에는 짝수로 하는 것이 좋다고 여겨진다.

결혼

한 번 묶으면 풀어지지 않는다는 의미의 무스비키리結び切り로, 홍백이나 금은의 미즈히키를 두른다. 봉투에는 '축복寿'이나 '결혼 축하'라고 쓴다.

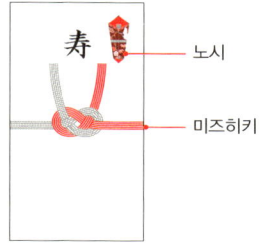
— 노시
— 미즈히키

축하할 일

잘 풀어지는 나비 모양의 미즈히키로, 풀고 묶기를 반복하듯 좋은 일이 많이 생기기를 바란다는 의미다. 홍백실의 미즈히키를 두른다. 봉투에는 '축하御祝', '입학식'이라고 쓴다.

교제

홍백실의 나비 모양 미즈히키로 봉투에는 '감사', '연하御年賀', '전별', '축하' 와 같이 용도를 적는다.

병문안

미즈히키를 두르지 않는다. 하얀 봉투 또는 왼쪽에 붉은 띠가 들어간 봉투를 사용하는 것이 일반적이다.

장례식·법요

미즈히키 색은 흑백이 일반적이다. 봉투에는 '영전御霊前'이라고 쓴다. 49일 이후에는 오불전御仏前이라고 쓴다.

돈 봉투의 뒷면

경사
위를 바라보기를 바란다는 의미에서 접은 종이가 위로 향하게 한다.

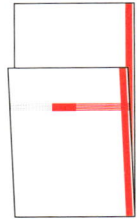

조사
슬픔으로 고개를 숙인다는 의미에서 접은 종이가 아래로 향하게 한다.

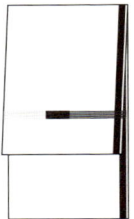

○ 선물을 고를 때는

받는 사람이 어떤 선물을 받으면 좋아할지 생각한다. 상대방의 취향과 가족 구성, 생활 양식, 취미 등을 알아두면 좋다. 현금이나 상품권을 보낼 경우에는 꽃과 같이 작은 선물을 함께 보낸다.

○ 선물을 주는 방법

노시가 붙은 선물은 현관 앞에서 주지 않고, 방으로 안내된 후 건넨다. 봉투의 글씨가 상대를 향하도록 두 손으로 주는 게 예의다.

○ 답례 시기와 금액의 기준

선물을 받았을 때는 답례를 한다. 하지만 오주겐이나 오세보, 노고나 재해를 위로하는 선물에는 답례하지 않아도 된다.

결혼 축하	결혼식 한 달 이내에 답례한다. 받은 금액의 절반 정도에 해당하는 답례품을 건넨다.
법요	당일 바로 답례한다. 금액은 2,000~5,000엔 정도로 한다.
장례식	49일 법요 후에 받은 금액의 절반이나 3분의 1 정도로 답례한다.
병문안	완쾌 후 1~2주 사이에 답례한다. 받은 금액의 절반이나 3분의 1 정도의 답례품을 건넨다.
출산 축하	출산 후 한 달 이내에 답례한다. 받은 금액의 절반이나 3분의 1 정도의 답례품을 건넨다.
취직 축하	첫 월급으로 선물을 구입하고 가능하면 방문해서 선물을 건넨다.

<주는 방법 NG 두 가지>
- 보자기에 싼 채로 또는 백화점 종이가방에서 꺼내어 건네는 것은 실례다.
- 내용물을 그대로 주는 것은 실례다. 포장해서 건넨다.

편지 예절

계절에 맞춰 안부 인사, 용건에 따라 달라지는 첫 문장과 끝 문장 등 편지에는 아름다운 리듬과 예절이 있다. 연하장도 메일로 대신하는 시대지만 감사의 마음이나 윗분에게 드리는 인사는 자필로 쓴 편지로 전하는 것이 좋다.

○ 편지 쓰는 방법

편지에도 예절이 있다. 인사말(첫머리 문장, 계절 인사, '무탈하게 잘 지내고 계시는지요…'와 같은 안부 인사) → 본문(용건) → 마무리('모쪼록 건강 잘 챙기시기를 바랍니다'와 같이 상대방의 건강도 챙기는 말 등) → 추가(날짜, 서명, 수신인) → 추신(본문에서 미처 쓰지 못한 용건)과 같은 구성으로 정리할 수 있다.

인사말과 마무리

시작할 때 첫머리에 쓰는 말과 마무리할 때 끝맺는 말은 쌍을 이룬다. 조사弔事나 연하장, 서중 안부 인사에는 첫머리에 쓰는 말과 끝맺는 말은 생략하는 게 관습이다.

```
근계 신록이 한창인 계절에 모두 별고 없이 잘 지내고 계시는지요.
     지난번에 저희 결혼을 축하해주시고 과분한 선물까지 보내주셔서 진
     심으로 감사드립니다.
     변변찮은 것이지만, 감사의 마음을 담아 작은 선물을 별편으로 보냈
     습니다. 모쪼록 마음에 드시면 좋겠습니다.
     아직 미숙한 두 사람이지만 같이 힘을 합쳐 밝고 건강한 가정을 만
     들어 가겠습니다.
     앞으로도 변함없이 지도편달 잘 부탁드립니다.
     끝으로 야마다 씨의 가족 모두 건강하시고 더욱 발전하시기를 바라
     마지않습니다.

             2020년 5월 8일              경구
                         사토 타로
     야마다 이치로
                                    사토 하나코
```

기본
배계拜啓 → 경구敬具

더욱 정중하게
근계謹啓 → 경백敬白

급한 용건
급계急啓 → 이만 총총早々

여성의 경우
첫머리에 쓰는 말 없음 → 이만 실례합니다かしこ

○ 경칭 쓰는 법

○○사마様: 윗사람을 포함한 누구에게나 사용할 수 있다.

○○도노殿: 윗사람이 아랫사람에게만 사용한다.

○○온추御中: 회사의 부서 등 상대가 복수인 경우에 쓴다.

○ 계절 인사말

계절 인사말에는 예로부터 사용하던 아름다운 문장이 있다.

1월 (무쓰키)	初春の候, 大寒の候, 厳寒の候う, 松の内も明け, 寒さもいよいよ厳しく 초춘의 계절, 대한의 계절, 엄한의 계절, 가도마쓰도 정리할 시기가 되어, 추위도 점점 혹독해지고
2월 (사사라기)	立春の候, 余寒の候, 向春の候, まだまだ寒さ厳しい折, 春寒なお厳しく 입춘의 계절, 추위가 남은 계절, 봄으로 향한 계절, 아직 추위가 혹독한 때, 봄추위가 여전하고
3월 (야요이)	早春の候, 春分の候, 春色の候, 日ごとに春めいてまいりました 초봄의 계절, 춘분의 계절, 춘색의 계절, 하루하루 봄다워지고 있습니다
4월 (우즈키)	春陽の候, 春暖の候, 花冷えの候, 桜花爛漫の候, 春たけなわの季節となりました 춘양의 계절, 춘난의 계절, 꽃샘추위의 계절, 벚꽃 난만의 계절, 봄이 완연한 계절이 되었습니다
5월 (사쓰키)	晩春の候, 新緑の候, 薫風の候, 立夏の候, 若葉がまぶしい季節となりました 만춘의 계절, 신록의 계절, 훈풍의 계절, 입하의 계절, 새잎이 눈부신 계절이 되었습니다
6월 (미나즈키)	梅雨の候, 入梅の, 初夏の候, 麦秋の候, 向夏の候, アジサイの季節となりました 장마의 계절, 장마가 시작되어, 초여름의 계절, 가을보리의 계절, 여름으로 향하는 계절, 수국의 계절이 되었습니다
7월 (후미즈키)	盛夏の候, 猛暑の候, 大暑の候, 七夕の候, 土用の入り, 暑中お見舞い申し上げます 성하의 계절, 맹서의 계절, 대서의 계절, 칠석의 계절, 도요의 계절이 시작되고, 서중 안부 인사드립니다

8월 (하즈키)	残暑の候, 晩夏の候, 処暑の候, 猛暑おとろえず, 残暑お見舞い申し上げます 잔서의 계절, 늦은 여름의 계절, 처서의 계절, 맹서가 수그러들지 않고, 잔서 안부 인사드립니다
9월 (나가쓰키)	初秋の候, 涼風の候, 秋色の候, 秋の気配が深まり, 朝夕は日ごとに涼しく 초추의 계절, 북풍의 계절, 추색의 계절, 가을도 깊어지고, 날마다 조석으로 선선해지고
10월 (간나즈키)	秋雨の候, 冷秋の候, 錦秋の候, 秋月の候, 天高く馬肥ゆる季節となりました 가을비의 계절, 가을 추위의 계절, 단풍이 물든 아름다운 계절, 가을달의 계절, 천고마비의 계절이 되었습니다
11월 (시모즈키)	晩秋の候, 深秋の候, 木枯らしの候, 向寒の候, 日に日に秋が深まり 만추의 계절, 가을이 깊어진 계절, 늦가을 찬바람이 부는 계절, 추위로 향하는 계절, 하루하루 가을이 깊어지고
12월 (시와스)	師走の候, 初冬の候, 年末の候, 何かと気ぜわしい毎日, 今年も残りわずかとなって 시와스의 계절, 초겨울의 계절, 연말의 계절, 왠지 어수선한 매일, 올해도 얼마 남지 않았고

식사 예절

매일 가족이 둘러 앉는 식탁 외에도 모임이나 연회석 등 가족 외 사람들과 함께 식사할 기회가 의외로 많다. 식사 예절은 물론 상석과 말석과 같이 자리 순서나 식사를 맛있게 먹는 젓가락 예절 등 식사 예절은 꼭 알아두어야 할 관습이다.

○ 상석과 말석

좌석에는 자리 순서가 있다. 옛날에는 모임에는 신분이나 가문, 나이 등에 따라 자리 순서가 정해졌다. 그것은 가족이 이로리囲炉裏•를 둘러싸고 앉을 때도 마찬가지였다. 지금도 손님이나 윗사람이 앉는 상석, 손님을 초대한 측이나 아랫사람이 앉는 말석의 풍습이 남아 있다.

- 전통적인 가옥 난방 시스템. 방바닥을 네모로 잘라내고 재를 깔아서 취사용, 난방용으로 불을 피운다.

전통식 방 와시쓰和室

와시쓰에서 자리 순서는 도코노마**가 기준이다. 도코노마를 등에 두고 앉는 자리라 상석이고, 도코노마에서 가까운 순서대로 앉는다. 도코노마가 없는 경우에는 입구에서 먼 자리가 상석이 된다.

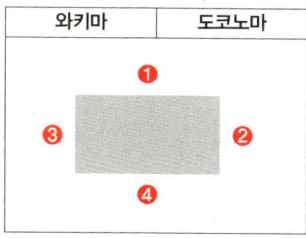

도코노마 근처에서 순서대로 윗사람부터 앉는다

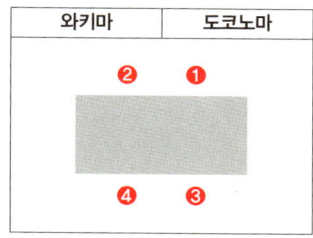

도코노마에서 가장 가까운 자리가 상석이고 그 옆, 그리고 정면의 순서다.

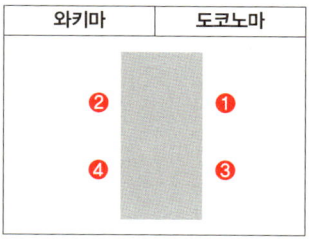

도코노마와 테이블이 수직이라도 도코노마 근처에서 순서대로 앉는다.

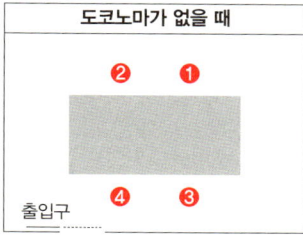

도코노마가 없을 때는 입구에서 먼 자리가 상석이다. 입구 근처 자리가 말석이 된다.

** 벽으로 움푹 패인 공간으로 인형 또는 꽃꽂이를 장식하고 붓글씨를 걸어놓는 곳이다.

서양식 방 요시쓰洋室

요시쓰에서는 방의 안쪽, 출입구부터 가장 먼 자리가 상석이다. 난로가 있는 경우에는 그것을 도코노마로 생각하고 난로를 등에 지고 있는 자리가 상석이다.

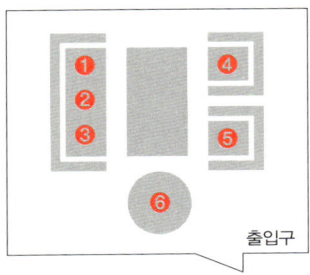

의자 종류가 다른 경우에는 편한 의자부터 앉는다. 앉는 순서는 입구부터 먼 순서가 기본이다.

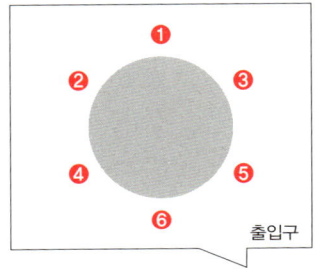

원탁의 경우에는 입구부터 가장 먼 자리가 상석이다. 그리고 입구부터 먼 순서대로 앉는다.

○ 젓가락 예절

젓가락을 바르게 잡은 것은 물론, 신경 쓰고 싶은 젓가락 사용법을 알아두자. 같이 식사하는 사람을 불쾌하게 하지 않기 위해서 젓가락 예절의 금기 사항을 체크해둬야 한다.

젓가락 예절의 금기 사항

사시바시 刺し箸
젓가락으로 요리를 찔러 먹기 금지.

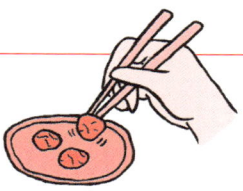

와타시바시 渡し箸
식사 도중에 젓가락을 그릇에 걸쳐두기 금지.

쓰키다테바시 突き立て箸
밥이 담긴 그릇에 젓가락을 세워두기 금지.

히로이바시 拾い箸	젓가락끼리 음식을 건네기 금지.
모치바치 持ち箸	젓가락을 들고 있는 손으로 그릇 들기 금지.
요세바시 寄せ箸	젓가락을 사용해서 그릇을 끌어당기기 금지.
마요이바시 迷い箸	젓가락을 들고 그릇 위에서 무엇을 먹을지 헤매기 금지.
사구리바시 探り箸	요리 속에 젓가락을 넣고 뒤지기 금지.
니기리바시 握り箸	젓가락을 손으로 움켜쥐듯 잡기 금지.
오가미바시 拝み箸	합장한 손의 엄지와 검지 사이에 젓가락을 가로로 끼워놓기 금지.
치기리바시 ちぎり箸	양손에 젓가락 하나씩을 들고 요리를 찢듯이 사용하기 금지.
네부리바시 ねぶり箸	젓가락 끝을 입에 넣고 핥기 금지.

○ 마무리 박수 데지메 手締め

행사나 일이 무사하게 끝난 것을 축하하는 식사 모임이나 연회에서 치하의 의미로 구호와 함께 손뼉을 치는 풍습이 있다. 첫 구호 요잇쇼는 이와우祝う 발음이 변한 것이라고도 한다.

잇본지메 一本締め	구호를 외친 후 짝짝짝 짝짝짝 짝짝짝–짝의 박수를 한 번만 친다.
삼본지메 三本締め	구호를 외친 후 짝짝짝 짝짝짝 짝짝짝–짝의 박수를 세 번 친다.
잇초지메 一丁締め	구호를 외친 후 짝 하고 한 번만 친다. '간토 잇본지메'라고도 한다.

일본의 풍습

1판 1쇄 발행 2024년 10월 25일
1판 2쇄 발행 2025년 4월 4일

감수 치바 코지
옮긴이 양지영

발행인 양원석 **편집장** 권오준 **책임편집** 김희현
디자인 강소정, 김미선 **영업마케팅** 조아라, 박소정, 이서우, 김유진, 원하경

펴낸 곳 ㈜알에이치코리아
주소 서울시 금천구 가산디지털2로 53, 20층 (가산동, 한라시그마밸리)
편집문의 02-6443-8846   **도서문의** 02-6443-8800
홈페이지 http://rhk.co.kr
등록 2004년 1월 15일 제2-3726호

ISBN 978-89-255-7445-5 (03910)

※ 이 책은 ㈜알에이치코리아가 저작권자와의 계약에 따라 발행한 것이므로
   본사의 서면 허락 없이는 어떠한 형태나 수단으로도 이 책의 내용을 이용하지 못합니다.
※ 잘못된 책은 구입하신 서점에서 바꾸어 드립니다.
※ 책값은 뒤표지에 있습니다.